EDU BEZERRA

OUSE TER SUCESSO

IMPULSIONE OS NEGÓCIOS E
POTENCIALIZE SEUS RESULTADOS

Literare Books
INTERNATIONAL
BRASIL · EUROPA · USA · JAPÃO

Copyright© 2022 by Literare Books International
Todos os direitos desta edição são reservados à Literare Books International.

Presidente:
Mauricio Sita

Vice-presidente:
Alessandra Ksenhuck

Diretora executiva:
Julyana Rosa

Diretora de projetos:
Gleide Santos

Capa, diagramação e projeto gráfico:
Candido Ferreira Jr.

Revisão:
Rodrigo Rainho

Relacionamento com o cliente:
Claudia Pires

Impressão:
Gráfica Paym

Dados Internacionais de Catalogação na Publicação (CIP)
(eDOC BRASIL, Belo Horizonte/MG)

B574o   Bezerra, Edu.
      Ouse ter sucesso / Edu Bezerra. – São Paulo, SP: Literare Books International, 2022.
      14 x 21 cm

      ISBN 978-65-5922-324-4

      1. Literatura de não-ficção. 2. Empreendedorismo. 3. Sucesso nos negócios. I. Título.

                                CDD 658.4

Elaborado por Maurício Amormino Júnior – CRB6/2422

Literare Books International.
Rua Antônio Augusto Covello, 472 – Vila Mariana – São Paulo, SP.
CEP 01550-060
Fone: +55 (0**11) 2659-0968
site: www.literarebooks.com.br
e-mail: literare@literarebooks.com.br

Sumário

Prefácio 5

Agradecimentos 9

Capítulo 1 - Introdução 11

Capítulo 2 - O novo cliente! 13
    A forma de impulsionar os negócios 13

Capítulo 3 - Conhecendo a organização 19

Capítulo 4 - Visão geral da organização 43

Capítulo 5 - Compreendendo o processo atual 65

Capítulo 6 - Consolidação do conhecimento 85
    Desenvolvendo ações para impulsionar os resultados 91
    Enxergando o processo através de fluxograma 95

Capítulo 7 - Perpetuando o conhecimento 99

Capítulo 8 - Execute junto, puxe a equipe, toque o tambor! 113

Capítulo 9 - Como a metodologia está contribuindo
com o impulsionamento de organizações 127

Capítulo 10 - Conclusão 143

Capítulo 11 - Depoimentos 155
    Depoimento de Vagner Jesus – Festcolor 155
    Depoimento de Ana Carolina Vaz – Dogscare 157
    Depoimento de Wilson Poit – Poit Energia 159

Prefácio

Para falar sobre Edu Bezerra, seu livro e o trabalho de excelência que ele vem fazendo na minha empresa e todos os benefícios que alcançamos com isso, preciso iniciar com algo aparentemente simples, mas que não é bem assim: processos organizacionais!

Quem nunca trabalhou num ambiente corporativo talvez não tenha ideia do quanto um ou vários processos podem ser complexos. E mais: o quanto o crescimento e desenvolvimento de uma empresa estão diretamente conectados à qualidade desses processos, bem como sua constante atualização e evolução.

Vamos supor que você seja uma pessoa solteira, que mora sozinha e todos os dias arruma sua cama. Isso é um processo bem simples, certo? E, após um tempo, você se casa ou tem um filho e continua sendo o responsável pela arrumação das camas. Agora você tem duas camas para arrumar e uma vez por semana você lava todos os lençóis e fronhas. Seu processo aumentou um pouco!

Façamos de conta que você tenha se sentido tão bom nisso que resolveu alugar vários quartos da sua casa, que somam o total de dez e recebe hóspedes diariamente, acrescentando à sua rotina a arrumação e lavagem das roupas de cama. É provável que, neste momento, suas atividades não sejam mais tirar a roupa de cama de um quarto e seguir para a lavanderia, mas organizar quarto por quarto e enviar as roupas de cama para outra pessoa seguir com outro processo.

Se você decidir abrir um grande hotel depois disso, perceberá por estudo, prática ou ambos que os seus processos de arrumação dos quartos e lavagem das roupas de cama ficaram mais complexos e envolverão mais pessoas e mais etapas, dividindo o que anteriormente era só você quem fazia.

Apesar de o exemplo ser simples, dentro de uma empresa, seja ela do ramo hoteleiro, alimentício, educacional, tecnológico ou de qualquer área que imaginar, todas incluirão inúmeras tarefas efetuadas diariamente por diferentes pessoas e que muitas vezes não trabalham no mesmo setor, mas dependem da qualidade dos processos uns dos outros, estão totalmente interligados, para que a empresa tenha rendimento, fluidez, efetividade, resultados, transparência e até mesmo um ambiente saudável para se trabalhar.

Uma empresa com processos ruins pode se tornar um lugar tóxico e nocivo para a saúde de seus colaboradores, pois quando se tem tarefas burocráticas em excesso e erradas, afetam a complexidade do trabalho das pessoas envolvidas, fazendo-as repetir as mesmas atividades várias vezes e serem obrigadas a lidar com conflitos entre colegas, devido a rotinas desnecessárias, que não funcionam.

Quer um exemplo? Pense numa repartição pública. Você chega, traz inúmeras cópias de documentos, pega uma senha, espera horas para ser atendido, é mal-recebido, preenche várias fichas e sai de lá exausto e sem solução, porque o processo ainda vai levar dias, semanas ou meses para ser cumprido. Isso se for cumprido, antes de chamarem você mais uma vez, para pedir mais uma cópia, sem sentido. Quem nunca passou por essa situação? Esse é um lugar onde os processos não são pensados nos clientes, a ponto de criarem mau atendimento e insatisfação, numa repetição contínua de tarefas que não funcionam e continuam a gerar problemas, além de um ambiente pesado para se estar, tanto para o colaborador quanto o cliente.

A complexidade dos processos e sua importância são tão grandes que existem formações universitárias e determinadas matérias para se estudá-los, como Engenharia de Produção e Ciências da Computação, dentre outras.

Em uma organização, um profissional especializado em processos analisa como os colaboradores trabalham, observando suas funções, analisando a tecnologia utilizada, compreendendo oportunidades de melhorias e avaliando os resultados de cada etapa de um processo. Eles fazem isso em todos os setores da organização, melhoram a forma como as atividades são executadas e analisam os resultados novamente, quer sejam: a produtividade de um determinado setor, equipe, maquinário, de forma contínua.

Veja: o que é mais rápido no seu hotel com duzentos quartos? Você tirar todas as roupas de cama e lavá-las, em seguida, uma a uma, ou dividir o processo com mais pessoas treinadas, utilizando maquinários e ferramentas adequadas?

Processos precisam ser estudados, analisados, medidos e muito bem-organizados entre tarefas e funções. A pessoa que retirar a roupa de cama não necessariamente tem que ser a mesma que lava e nem a que passa. E se um lençol furar, outras pessoas serão responsáveis pela tarefa de substituição do que estragou. A demanda seguiria para o processo de compras, com outras atividades e pessoas.

Eu sou diretor da Alta Genetics, que atua no setor de Agronegócios, empresa hoje responsável por um terço da industrialização e comercialização de sêmen de touros no Brasil. Quando começamos, em 1996, nós apenas comercializávamos o produto e, desde 2005, também somos responsáveis pela produção.

Gostaria de mencionar o fato de que não possuo curso superior e tenho consciência do quanto o conhecimento metodológico me fez falta, pois com ele tem-se um caminho com menos erros e mais acertos imediatos. Ainda assim, minha experiência foi muito bem-sucedida, mesmo com uma trajetória construída através de *feeling* (sentimento) e prática, ou seja: das tentativas e erros, até se chegar aos acertos.

Agora posso citar o trabalho do Edu, pois o nosso crescimento como empresa foi algo que se deu muito rapidamente e de forma tão intensa, que internamente começamos a nos perder nos processos. A quantidade de erros e retrabalhos, com os quais estávamos lidando no dia a dia, era nítida, bem como a falta de clareza e controle, que nós tínhamos sobre isso. Eu me senti perdido e desesperado. Estava crescendo vertiginosamente, mas não sabia mais administrar a empresa com todo aquele crescimento.

Vivíamos o melhor momento da nossa história e ainda estamos nele, com um crescimento de vinte a trinta por cento ao ano, mas que também chegou com uma enxurrada de desafios. Os serviços da *Exection* estão em andamento há pouco mais de um ano e foi ela quem trouxe o conhecimento metodológico sobre processos, que tanto necessitávamos.

Uma visão externa, detalhista e absolutamente profissional nos proporcionou melhoria de processos e criação de indicadores, trazendo a clareza e o controle de tudo o que acontece na empresa, bem como o aumento de produtividade, diminuição de erros e retrabalhos, além de uma melhoria significativa no ambiente de trabalho dos colaboradores.

Posso citar o exemplo de um mês, antes da *Exection*, quando nosso estoque apresentou 260 erros. Recentemente, nosso estoque apresentou pouco mais de 30 erros, sendo 13 externos. Ou seja, esse é um indicador claro da melhoria dos nossos processos e do controle sobre o que estamos fazendo. Nossas decisões não são mais baseadas em *feeling*, mas em dados e análises, que nos levam a um processo de melhoria contínua em todas as áreas.

Algo que julgo muito importante foi e está sendo o envolvimento da nossa equipe. Todos os líderes estão fazendo parte desta transformação cultural, o que fará com que o conhecimento e resultados se perpetuem.

E os líderes estão envolvendo as respectivas equipes, ou seja, a disseminação está acontecendo pelos quatro cantos da Alta Genetics Brasil, inclusive sendo reconhecida pela nossa matriz, que fica no Canadá.

Para a minha vida, os resultados dessa metodologia vão além da melhoria de processos e aumento de produtividade, mas a segurança e tranquilidade que hoje possuo no dia a dia, por ter dados sempre confiáveis, que me permitem saber o que está acontecendo e prever o que irá acontecer e, claro, programar o futuro. A minha vida profissional e pessoal mudou, bem como as das pessoas que trabalham comigo.

Tudo que fazemos na vida inclui processos, mas até que se trabalhe em uma grande indústria ou empresa, de forma contínua e crescente, não pensamos muito sobre isso e corremos o risco de fazer a mesma coisa malfeita inúmeras vezes.

Para quem precisa e quer aprender sobre como estruturar e melhorar processos, este livro é um alento, um tesouro e um verdadeiro guia!

Depois dele, você nunca mais vai arrumar a cama do mesmo jeito, mas sempre pensar e avaliar: como poderíamos melhorar?

Melhoria de processos é melhoria de vida! Em todos os sentidos!

Heverardo Carvalho
CEO da Alta Genetics Brasil

Agradecimentos

Ao longo da minha carreira, sonhava em escrever algo para disseminar o conhecimento que estava e continuo adquirindo. Este sonho se tornou realidade com o incentivo de algumas pessoas especiais, a minha esposa, o meu filho, minha família e certamente os meus clientes que se tornaram amigos.

A minha esposa, desde o primeiro momento que nos conhecemos, dizia: "Edu, por que você não escreve um livro? Você implementa projetos em diversas empresas e certamente outras precisariam desse seu apoio, mas ou não o conhecem ou talvez não tenha como você auxiliá-las no momento, pela agenda, distância ou outros fatores".

Somente com esse argumento já seria o suficiente, não é mesmo? E ao mesmo tempo imaginei deixar algo para o meu filho, aquele compartilhamento do que o pai fez ao longo da sua vida, acredito que os pais que estão lendo este parágrafo compreenderão o que gostaria de expressar, e coloquei este objetivo na minha vida.

Pensei em deixar um legado para ele e, claro, para as pessoas que sempre me apoiaram nesta jornada.

Sou grato aos diversos mentores e gestores que fizeram as perguntas certas nas horas certas, que me chamaram a atenção no momento correto, que elogiaram as conquistas e que principalmente acreditaram no meu potencial de impulsionar pessoas e organizações.

Gostaria de agradecer ao Heverardo pelo prefácio. Assim que conheci a história e trajetória dele, me tornei o seu fã número um.

A uma pessoa que me inspirou e inspira, que é o Wilson Poit, empreendedor excepcional, com quem tive a oportunidade de trabalhar alguns anos.

Ao Vagner, que empreendeu junto com a esposa, sendo um exemplo que sigo no meu dia a dia.

E a Carol, que, da mesma forma que o Vagner, empreendeu junto com o marido. A Carol é uma pessoa iluminada e fora de série.

Agradeço a todos os meus clientes, que confiaram a mim os seus sonhos, que são as suas empresas e projetos, e colaboraram com as frases que abrem cada capítulo deste livro. Fiz um cálculo por baixo, onde em média atendi, nos últimos 21 anos, dez empresas por ano, portanto, são mais do que 200 organizações até o momento.

Existindo no nosso país milhares de empresas, certamente possuímos uma lacuna imensa para disseminar este conhecimento que acredito ser primordial para todas aproveitarem as oportunidades nos altos e baixos da nossa economia, sendo um fato que são cíclicos, portanto, estejam preparados.

Não poderia deixar de agradecer aos meus pais, que foram e são a minha base de educação e caráter. Algo que eles sempre me disseram: "Conhecimento é a única coisa que não tiram de você".

Vamos impulsionar os seus resultados e conhecimento juntos? Bora iniciar a jornada?

Capítulo 1
Introdução

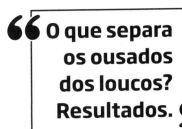

> **"O que separa os ousados dos loucos? Resultados."**
>
> **Jimmy Cygler**, presidente e conselheiro da Proxis, Proxismed e meu mentor.

Edu Bezerra é impulsionador de negócios experiente da área de Governança Organizacional e fundador da empresa *Exection Impulsionadora de Negócios*.

Neste livro, você conhecerá histórias de sua vida, bem como conceitos sobre como apoiar uma pessoa ou empresa a se tornar uma impulsionadora de negócios de sucesso. Numa narrativa instigante, que irá tocar o seu coração, seja como personagem ou na realidade, Edu tem a leveza do lado humano na medida certa. O profissional capacitado também em relacionamento encanta, do início ao fim.

Como de costume, Edu dá início a um novo trabalho, interagindo pessoalmente na empresa do cliente. Porém, neste dia fatídico, algo diferente acontece. Ele se depara com um estagiário, que parece estar sofrendo no trabalho, além de não ter a percepção sobre si mesmo, como um típico TDA (pessoa com Transtorno do Déficit de Atenção). Ou seja, um talento em potencial erroneamente reconhecido como um hiperativo, disperso e que acaba se passando por uma pessoa ansiosa, quando é muito mais do que isso.

A sociedade atual, em que as escolas não sabem lidar com esse tipo de criança, é a mesma onde as empresas perdem colaboradores

Ouse ter sucesso

de extremo potencial, por não saber reconhecer e nem explorar esses indivíduos. Algo que passa despercebido no mundo corporativo e por vezes nas escolas, mas tocado aqui com sutileza, de forma que permite abrir os olhos daqueles que estão à frente dos cargos de liderança. Há de se chegar um tempo quando as empresas saberão identificar esse perfil de pessoa e aproveitar ao máximo sua capacidade.

Nessa interação, durante um dia de trabalho, o leitor terá oportunidade de acessar fatos importantes sobre a vida de Edu – como a trajetória de sua carreira, as experiências que o levaram a ter os melhores conceitos e o passo a passo para organizar os processos de uma empresa – , levando-o a adquirir esse conhecimento, com a possibilidade de praticar exercícios para sua compreensão e prática.

Os detalhes dessa história começam pela empatia, passam pela comunicação e respeito e terminam no compartilhamento do melhor que se tem, transformando não apenas os processos de uma empresa e o dia a dia de seus colaboradores, mas desenvolvendo pessoas e a cultura empresarial, de forma visionária.

Na inusitada relação que se inicia, o experiente Edu e o novato estagiário constroem uma conexão de afinidade e troca de experiências. Um dia comum que se transforma em um ponto de virada para aquele jovem e para aquela empresa.

Uma jornada com grandes significados. A sutileza da vida num momento difícil, em um ambiente com processos caóticos e engessados, mas que com o olhar de um profissional começa a se transformar a partir de um único colaborador. A partir dali, também se inicia um processo de transição do jovem tímido e sem rumo dentro do trabalho ao colaborador reconhecido e contratado, por receber indicação de um dos melhores impulsionadores de negócios da cidade de São Paulo e do Brasil: Edu Bezerra.

Aproveite esta jornada, conheça a história de Edu e do estagiário Gustavo, e aprenda de forma leve e prazerosa o passo a passo para se tornar um impulsionador de negócios, não apenas de sucesso, mas humano, com a percepção clara de que o mundo não precisa mais ser individualista, mas coletivo e empático.

Uma história de troca, ressignificação, ensinamentos e valores humanos e profissionais. Quando a gestão empresarial se mostra capaz de andar de mãos dadas com a vulnerabilidade humana, se transforma em conexão, amizade e superação.

Seja bem-vindo à forma de gestão da *Exection* e de Edu Bezerra!

Capítulo 2
O novo cliente!

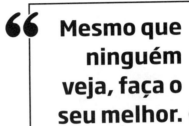

> **Mesmo que ninguém veja, faça o seu melhor.**
>
> **Ostilo Amaral**, amigo do segmento PET.

A forma de impulsionar os negócios

É terça-feira de manhã.
Eu estou quase chegando ao elevador, rumo a uma das maiores empresas de produtos alimentícios do Brasil.
Ainda estou falando com a minha esposa Sandra no telefone:
— Preciso desligar, San. Estou atrasado.
— Ah, você atrasado, Edu.
Eu olho no relógio.
"Como ela sabe?"
— Como você sabe, San?
Ela ri:
— Você nunca se atrasa, Edu.
"Hum?"
Eu me pego dobrando o pescoço.

Ouse ter sucesso

"Não tinha pensado nisso."

— Estou chegando ao elevador, amor.

— E não era mais fácil dizer isso, senhor Eduardo?

Solto um riso:

— É, acho que era.

— Te amo.

Ela desliga e eu gesticulo para uma mulher que acabou de entrar no elevador com uma criança de colo:

— Segura o elevador, por favor?

Eu entro:

— Obrigado!

Ela acena com a cabeça, enquanto eu aperto o número do andar.

O elevador começa a subir e eu respiro fundo, ajeitando o meu cabelo e pensando em todos os processos que ajudarei hoje.

"O primeiro dia num novo cliente pode ser sempre uma surpresa."

De repente, o elevador dá um tranco e faz um barulho assustador. Para entre um andar e outro, com a porta aberta para a parede.

— Nossa Senhora – eu solto!

A criança no colo da mulher começa a chorar. Percebo uma chupeta caindo e a apanho no ar.

"Esse bebê deve ter no máximo uns dois anos."

— Para de chorar, menino. Você é homem, não pode chorar só por causa de um elevador.

Eu olho, um pouco surpreso, mas ela continua chamando a atenção da criança:

— Engole já esse choro! Onde já se viu?

Não consigo me conter:

— Calma, senhora, não precisa falar assim com seu filho, fique tranquila – falo e passo a mão na cabeça do bebê, numa tentativa de acalmá-lo.

Coloco a chupeta na mão da criança, que fica me olhando e para de chorar.

A mulher me responde:

— Ele nunca vai se lembrar deste dia, nem do que eu falei.

Capítulo 2 • O novo cliente!

Eu rio e balanço a cabeça para cima e para baixo:

— Ah, discordo da senhora, ele vai se lembrar, sim.

Estamos presos no elevador, que ainda não se move e não faz barulho algum.

— Como o senhor pode achar que meu filho vai lembrar de um momento destes, só porque o elevador parou?

Eu coloco a minha mochila do *laptop* no chão e me encosto numa das paredes do elevador:

— Não, minha senhora, é porque eu me lembro de algo que meu pai me falou quando eu tinha um ano e meio de idade.

— Ah, vá...

Ela fica me olhando, boquiaberta, como se não acreditasse em mim.

Eu balanço o queixo para cima e para baixo e volto a afirmar:

— Sim, senhora, eu lembro do dia em que meu pai me pegou no colo, me olhou no fundo dos olhos e disse: "Você vai ser exemplo para seus irmãos, Edu!".

— Eu não acredito!

— Falo sério! Lembro até da roupa que meu pai usava.

Ela fica me olhando, ainda boquiaberta.

— Eu não lembro de nada de quando era bebê. Seu pai sabe disso?

— Claro, mas ele e minha mãe ainda acham estranho o fato de eu lembrar daquela cena com riqueza de detalhes.

A mulher agora olha para seu filho no colo e dá um beijo em seu rosto.

"Talvez esteja arrependida. Que bom que pude ajudar."

— O senhor está falando sério, que se lembra de algo de quando tinha um ano e meio de idade?

Olho sério para ela, para que ela confie no que estou dizendo:

— Lembro, sim, de verdade.

Ela respira fundo, parecendo um pouco preocupada. Agora olha para os olhos da criança.

— E o que aconteceu? – ela me pergunta.

— Eu acabei tomando a responsabilidade de ser mesmo um exemplo, só que para minhas irmãs. Eu nunca tive um irmão.

15

Ouse ter sucesso

Ela põe a mão no queixo e me questiona:

— Mas será que todo mundo lembra esse tipo de coisa? Eu não lembro de nada dessa idade.

Eu suspiro e comento:

— Sabia que o nosso inconsciente é capaz de lembrar até mesmo dos momentos em que estávamos na barriga de nossas mães?

— É mesmo?

Confirmo que sim com a cabeça.

Alguém grita do lado de fora, de forma meio abafada:

— Tem alguém aí?

— Sim!!! – eu me pego gritando junto com a mulher.

— Já não era sem tempo – ela comenta.

Rimos e suspiramos juntos.

"Que alívio!"

— Já vamos tirar vocês daí.

Eu bato palmas e olho no relógio.

"Ok, ainda não estou atrasado!"

Estico a mão para a mulher e me apresento:

— Prazer, eu sou o Edu.

Ela me cumprimenta e responde:

— Sou a Clara.

Ela coloca o neném à frente de seu corpo e o apresenta também:

— E este é o Caio.

Pego na mãozinha dele e brinco:

— Prazer, Caio, sou o tio Edu.

Alguém grita do lado de fora outra vez:

— Vamos abrir!

O elevador desce um pouco e para, mais uma vez de forma brusca.

"Socorro! Meu Deus do céu!"

A porta se abre e há dois colaboradores do lado de fora, nos aguardando:

— Está tudo bem? – um deles pergunta.

— Sim, sim. Onde fica a escada?

Capítulo 2 • O novo cliente!

— Bem ali, senhor – um deles aponta.

Olho para a Clara e para o Caio mais uma vez e menciono para o menino:

— Você vai ser um rapaz de muito sucesso, Caio!

Olho para a Clara, que agradece com um sorriso. Dou as costas e sigo até as escadas.

"Deus me ajude! São nove andares. Socorro..."

O meu primeiro dia de trabalho num novo cliente começa por um processo de integração, onde todos são convidados a entender o serviço que foi contratado, seus objetivos, expectativas e passo a passo. Porém, neste dia, algo diferente acontece.

E como o universo não brinca em serviço e eu aprendi que a vida flui como deve ser, simplesmente me permiti sair um pouco da agenda, para compreender melhor o que os sinais queriam me dizer.

Um trabalho de impulsionamento de negócios não trata apenas de uma sequência de ações pontuais e racionais. O ambiente corporativo está rodeado de fatores emocionais. Como impulsionador, devo usar a minha inteligência emocional e minhas habilidades de lidar com o ser humano, para compreender todo o entorno do meu cliente. Como está a cultura organizacional dessa empresa? O que as pessoas pensam? Como esses colaboradores se sentem?

Eu estou pronto para começar um novo dia. Sigo numa curva que sai da minha agenda e depois retorna para ela, através do inusitado, que acrescenta reflexões providenciais ao meu trabalho. Fatos que não estavam planejados no meu cronograma podem direcionar para algo ainda maior.

Nós não controlamos o dia a dia. Podemos ser organizados e ambiciosos, criar métodos, estratégias e planos de curto, médio e longo prazos, mas aí vem o universo com toda a sua impermanência e potência, nos mostrando que quem manda é Ele.

Estarmos atentos ao que a vida nos mostra, o inusitado, o inesperado, é o que Charles Darwin já dizia: *"Não é o mais forte que sobrevive, nem o mais inteligente, mas o que melhor se adapta às mudanças"*.

Capítulo 3
Conhecendo a organização

> **O verdadeiro sucesso está atrelado à alegria em servir outras pessoas através do que sou e faço de melhor. Quando reconheço isso, encontro outros melhores e meus elos se solidificam em uma grande soma de saberes.**
>
> **Juliana Monteiro**, fundadora da JM Desenvolvimento, *coach*, mentora e facilitadora em constelações familiares.

Eu chego todo suado ao andar do cliente e sigo para o banheiro. "Não vai dar para entrar assim na sala do presidente. Vou poupá-lo da explicação sobre os nove andares de escada."

Entro e lavo meu rosto, me olho no espelho e tenho dificuldade de enxugar as bochechas com os papéis-toalhas que não secam coisa alguma.

Bato o dedo indicador no meio da testa. Sempre faço isso, quando tenho uma ideia, já é automático.

"Acho que vou sugerir a troca dos papéis."

Meu celular vibra. Pego o aparelho e vejo a mensagem da secretária do presidente.

[08:45] Regiane: Bom dia, Edu. O presidente teve um imprevisto. Mudamos sua reunião para amanhã, no mesmo horário. Sinto muito pela mudança e obrigada pela compreensão.

"Poxa, bom, vamos que vamos..."

Ouse ter sucesso

Suspiro.

De repente, escuto um barulho, que parece ser um choro. Olho para os lados e não vejo ninguém.

Dou uns passos, olhando para as portas dos banheiros, e percebo que a última está fechada.

"Tem alguém chorando ali. Eu sei, eu ouvi."

Tento uma abordagem educada:

— Olá, você precisa de ajuda?

A pessoa funga o nariz e responde, sem jeito:

— Não, obrigado.

— Você está bem? – eu insisto.

Ele gagueja um pouco:

— Tá, tá, tá..., tudo bem, eu já vou sair.

— Combinado!

Percebo alguns movimentos e ouço o barulho do trinco abrindo a porta. Um jovem me olha pelo vão, antes de sair.

Eu sorrio:

— Oi!

Ele olha para fora, como se estivesse checando se há mais alguém no recinto. Eu o encorajo:

— Pode sair, somos só nós dois.

Ele sai. Eu continuo:

— Bom dia, eu sou o Edu, prazer!

Tímido, ele se apresenta:

— Eu sou o Gustavo, estagiário da área de *marketing*.

— Prazer. Bora tomar um café!

— Ok...

Saímos do banheiro rumo à área de café.

Eu encho duas xícaras e entrego uma na mão do Gustavo.

Nós nos sentamos um ao lado do outro e eu finalmente pergunto:

— Então, não vai me contar o que houve?

— Mas quem é o senhor? Por que quer saber o que aconteceu?

Capítulo 3 • Conhecendo a organização

Tomo um gole do café e respondo, calmamente:

— Sou um impulsionador de negócios, da *Exection*, fui contratado pela empresa para melhorar os processos. E não precisa me chamar de senhor.

Ele levanta as mãos para o alto e deixa escapar em voz alta:

— Graças a Deus!!!

Eu relaxo um pouco:

— Está tão mal assim, Gustavo?

Ele suspira:

— Meu sonho era trabalhar nesta empresa, mas desde que vim trabalhar aqui, tenho a sensação de que estou dentro de uma novela.

— Como assim?

— Eu nem sei explicar, mas aqui os processos parecem todos engessados, você pede ajuda para alguém e te mandam para outro setor. Você segue para o outro setor e te mandam para outro. Ninguém fala a mesma língua, como se existissem várias empresas aqui dentro, e não tem ninguém disposto a melhorar nada, é um caos. Parece que as pessoas estão acostumadas e acomodadas. Eu acho muito estranho isso.

— É um querendo aparecer mais do que o outro, é isso?

Ele respira e me olha de olhos arregalados:

— Você não vai contar para ninguém, né? Eu sou estagiário. Se souberem que eu disse isso, é capaz de eu perder o estágio.

— Claro que não, aliás, agradeço as informações. Isso ajuda muito o meu trabalho.

Nós dois olhamos ao nosso redor, vários colaboradores batendo papo, tomando café e mexendo no celular, mas parecendo desconectados uns dos outros.

Eu pergunto:

— É sempre assim?

Ele balança a cabeça com aquela cara de indignado.

— Nós vamos dar um jeito nisso, não se preocupe!

— Nós?

Eu olho firme para ele:

— Nós!

Ouse ter sucesso

— Eu sou só um estagiário, seu Edu.

Coloco a mão em seu ombro:

— Por enquanto. E me chame só de Edu.

Ele balança a cabeça, assentindo comigo.

— Você tem uma sala?

Ele ri.

— Desde quando estagiário tem sala?

— Vamos emprestar uma, então, ora.

— Vem comigo!

Eu sigo o rapaz, que já parece estar bem melhor.

Entramos numa sala toda de vidro, daquelas que mais parecem um aquário.

Nós nos sentamos e eu abro o meu *notebook*. O estagiário fica me olhando, de braços cruzados.

— O que eu vou fazer, Edu?

— Você vai passar o dia comigo.

— Mas e meu chefe?

— Não se preocupe.

— Como assim? Ele não vai entender, eu largar o setor e ficar o dia inteiro aqui, sem dar explicação.

— Espera um pouco.

Eu pego o celular e envio uma mensagem para o gerente de *marketing*:

[08:35] Edu: Paulo, estou com o seu estagiário Gustavo e gostaria de solicitar que ele ficasse comigo no dia de hoje, por gentileza?

[08:36] Paulo: Ok!

Eu mostro o celular para o rapaz:

— Mas..., mas...

— Nada de mais, Gustavo, vá buscar o seu *notebook*.

Ele dá um sorriso de orelha a orelha e sai.

— E volte logo!

Ele ri:

— Sim, senhor!

Capítulo 3 • Conhecendo a organização

Eu grito:

— E pare de me chamar de senhor.

"Onde já se viu?"

Eu continuo no aquário e vejo que algumas pessoas me olham curiosas...

"Quem será esse aí dentro?"

Eu me divirto sozinho.

Mas a maioria nem me nota.

"Acho que o Gustavo tem razão, é perceptível uma certa desconexão entre as pessoas nesse lugar. Mas nós vamos melhorar isso!"

Alguns minutos se passam.

— Licença – o estagiário volta com seu *notebook* na mão.

Olho para ele em silêncio e o aguardo se sentar e posicionar o computador sobre a mesa.

Gustavo ri:

— Não acredito que vou passar o dia aqui. Que alívio.

Olho sério para ele:

— E você acha que você não vai trabalhar, rapaz?

— Vou, vou, sim – ele responde, meio constrangido.

— Relaxa, Gustavo, estou brincando com você.

Ele suspira e solta os ombros.

Abaixo a tela do computador e cruzo os braços.

Então, o jovem chega finalmente ao ponto que eu queria:

— Edu, afinal, como é que se impulsiona um negócio?

Eu balanço a cabeça satisfeito:

— Não existe fórmula mágica para impulsionar negócios. No entanto, seguiremos a trilogia: Pessoas, Processos e Tecnologia.

Eu gesticulo com as mãos e falo:

— Vamos subir a régua, meu jovem. Hoje estamos aqui e nós vamos criar musculatura para chegar até este ponto mais alto.

Ele imita meus gestos com as mãos e repete:

— Subir a régua, Edu?

Ouse ter sucesso

— Isso.

"Tenho a sensação de que ele está rindo de mim, mas tudo bem."

— Continua, por favor.

— Hum – ele me olha com ar de dúvida. — Pessoas, Processos e Tecnologia?

— Sim, pessoas, processos e tecnologia. E esses três elementos juntos certamente subirão a régua, trazendo ganhos expressivos para a empresa.

Ele permanece me olhando, atento e com brilho nos olhos.

"Percebe-se de longe que está sedento por conhecimento e vontade de trabalhar!"

Eu continuo:

— Pense assim! Preste atenção.

Seus olhos estalam ainda mais.

Eu fecho os olhos por uns segundos e visualizo mentalmente a metodologia.

A forma de impulsionar os negócios!

PESSOAS	TECNOLOGIAS	PROCESSOS
Busque apoio do **RH e dos líderes** para que possam **potencializar os talentos** de cada pessoa.	Alinhe as necessidades junto com os líderes e equipe de **TI** com foco na **melhoria de produtividade e retenção de conhecimento.**	Compartilharei o meu conhecimento para se tornarem **impulsionadores de negócios.**

Visualização da imagem: ponto final, "impulsionadores de negócios."

E, então, eu continuo minha explicação:

— Pessoas: busque o apoio do RH e dos líderes, para que possam potencializar o talento de cada pessoa e dos subprocessos de RH.

— Hum.

— Tecnologias: alinhe as necessidades junto aos líderes e equipe de TI com foco na melhoria de produtividade, retenção de conhecimento adquirido e implementação de novas tecnologias.

Capítulo 3 • Conhecendo a organização

— Tá.

— Processos: você vivenciará a metodologia para se tornar um impulsionador de negócios.

O rapaz se remexe na cadeira:

— Eu vou poder acompanhar você, Edu? Tem certeza?

— Tenho.

— Yes! – ele dá um pulo na cadeira e acrescenta:

— É..., para quem tem acesso direto ao presidente... – ele ri.

— Foco, Gustavo!

— Sim, senhor – ele bate uma espécie de continência e eu prossigo:

— O que você entende por organização?

— Hum..., uma empresa?

Eu me balanço um pouco, alongando meu corpo, e explico:

— Sempre que me ouvir falar essa palavra, pense desde pequenas empresas individuais, multinacionais até órgãos públicos ou organizações não governamentais, ou seja, qualquer tipo e tamanho de organização, ok?

Ele balança a cabeça e me interpela:

— Tá, mas como é que começa o foco nas pessoas? Ainda mais numa empresa que não está fazendo isso.

"Verdade, bem observado!"

— Diversas empresas possuem denominações e níveis de maturidade diferentes, mas o objetivo é buscar o apoio da pessoa responsável por recursos humanos.

— Tá, a gerente de RH, então?

— Não necessariamente. Note que é a função responsável, não existem cargos envolvidos, a gente tem que verificar quem realmente "cuida" das pessoas na empresa.

— Entendi, aqui mesmo o RH está mais próximo de um Departamento Pessoal, mas eu vejo que algumas assistentes de Recursos Humanos fazem isso.

Agora eu balanço a cabeça, me levanto e dou uns passos em volta da sala:

— É preciso avaliar, talvez fazer algum remanejamento de pessoas, ajuste de função ou realmente ensinar o RH a desempenhar esse papel.

Ouse ter sucesso

— E a tecnologia, Edu? Como entra essa parte?

Caminho em círculos, empolgado com a vontade do Gustavo em entender a metodologia:

— As oportunidades de melhoria precisarão de tecnologia para apoiar, solucionar, reter conhecimento, dentre outras características, para que a gente suba a régua de gestão.

— Como assim, Edu?

Eu começo a andar no aquário, perto do vidro, enquanto falo e gesticulo, animado:

— Envolva a área de tecnologia desde o primeiro momento, somando ao RH aqueles profissionais que possuem a visão de todos os processos organizacionais.

— Hum.

"Será que ele está acompanhando meu raciocínio?"

Continuo:

— A tecnologia é e será um diferencial competitivo para você e a empresa.

— É, faz sentido.

— Sempre tenha em mente a tríade, rapaz! Isso facilitará tremendamente o seu processo de aprendizagem. Sem uma das três pontas, você vai notar que algo não sairá ou na qualidade ou no tempo ou no custo que planejou.

Eu ponho as mãos na cintura e olho para ele:

— Faz sentido?

Ele anota algo num caderno, que trouxe com ele:

— E onde encaixam os processos?

— Hum!

Ele parece uma estátua, atento a cada palavra.

"É um prodígio esse menino!"

— Foco em Processos. Muito bem, muito bem..., esse é um dos nossos pontos principais, Gustavo!

Eu continuo:

— Sabe a expressão "bater o tambor"? Então..., tem que se estabelecer um ritmo, ajudar as pessoas a estabelecerem suas prioridades junto aos gestores e participantes da impulsão organizacional.

Capítulo 3 • Conhecendo a organização

— O que isso quer dizer, Edu?

— Prepare-se para se tornar o maior conhecedor dos processos e melhorias da organização.

— Eu?

Eu o convido:

— Vamos partir para o primeiro desafio?

Ele estala os olhos e deixa a caneta em riste. Portanto, eu prossigo:

— Pense, Gustavo! Quem são os líderes de cada área, departamento ou processo dentro desta empresa? Estas pessoas serão os agentes de transformação e precisam ser envolvidas desde o primeiro instante do nosso trabalho.

— Nosso?

Eu ignoro e continuo, para que ele entenda que sim, ele está incluído no meu trabalho:

— Sem dúvida, conte com um *sponsor*, com um patrocinador, que o apoiará ao longo da jornada, algumas tomadas de decisões não triviais certamente surgirão.

Ele anota algumas coisas no caderno rapidamente e volta a me olhar.

Eu dou uma olhada do lado de fora do aquário e olho os colaboradores mais uma vez.

"Alguns parecem desatentos."

Volto a olhar para ele e sigo meu raciocínio:

— No momento do convite e primeiro contato com essas pessoas, aproveite e compartilhe que você não conhece tudo sobre a organização e certamente sobre os temas que virão, você precisará de conhecimentos adicionais, de pessoas para executar as ações, para pensarem juntas, enfim, convide as pessoas para ajudá-lo.

— Eu, convidar as pessoas, Edu?

— Sim!

— Mas como? Eu sou só um estagiário.

— Utilize este ponto a seu favor, afinal de contas, perguntar e ser curioso fará parte do seu estágio, faz sentido para você?

Ele respira fundo e para de mencionar este ponto. O questiono:

— Posso contar com a sua ajuda e apoio, seja na busca por alternativas ou até em execução de atividades?

Ouse ter sucesso

— Sim.

— Algumas pessoas podem não falar "não" logo de cara e, ao irem para os encontros, irão apenas com o corpo, porque os pensamentos estarão em outro lugar, tome cuidado com esse ponto.

— Tá.

— Neste início do seu desenvolvimento e abertura de horizontes, você deve focar na investigação, na compreensão, no aumento do seu conhecimento sobre as pessoas e a organização. E aproveite para evoluir na análise de ambiente!

— Mas o que é análise de ambiente?

— Seja observador, compreenda as gesticulações, a linguagem corporal, se as pessoas estão receptivas, se buscam por ajuda, enfim, compreenda se o ambiente está favorável ou não e quais são as alternativas para deixá-lo favorável.

— Entendido.

— Portanto, rapaz, busque compreender as expectativas das pessoas acerca de possíveis prioridades de melhorias de processos e resultados, e se pergunte: qual seria o foco inicial? E aproveite para compartilhar comigo e o *sponsor* do projeto, estaremos aqui para ajudá-lo.

Ele rabisca algo no caderno outra vez.

"Um dos meus primeiros ensinamentos foi: leve sempre algo para anotar, não confie cegamente na capacidade de lembrar, certamente vai deixar escapar algum detalhe e justo este poderá levar a resultados melhores ou não..."

— Pergunte se existe algo que a pessoa gostaria de contribuir e não está conseguindo. E o que a está impedindo atualmente de fazer o que ela gostaria de fazer.

— Só isso, Edu?

— Estas duas perguntas já são poderosas e levarão a uma excelente reflexão. Aproveitando, gosto muito de pesquisar sobre as pessoas antes de ir para uma reunião, portanto, recomendo que utilize principalmente o LinkedIn como uma fonte de informação.

— Wow, faz sentido Edu!

— Acrescente ao diálogo se existe algo atualmente que a incomoda.

Capítulo 3 • Conhecendo a organização

Mesmo que não seja da área em questão, o que o entrevistado melhoraria? Qual dor que, se solucionada, traria ganhos para a organização. Compreende?

Por um segundo, já desenho nos meus pensamentos:

Dentro de uma organização, não existe apenas um determinado perfil de colaborador, mas uma diversidade de comportamentos que, se bem trabalhados, alcançam resultados fora de série.

Há colaboradores que se contentam em chegar e cumprir o horário, fazem o que lhes pedem e nada mais. E não que haja algo de errado nisso, mas é importante se perceber a diferença entre um e outro. Este perfil de profissional geralmente não olha o seu entorno com profundidade, mas faz o que acredita que tem de fazer e vai embora: missão cumprida.

Por outro lado, existem indivíduos que observam a empresa como um todo, por departamento ou até mesmo por processos. Estes analisam, percebem os pontos críticos e veem um potencial de melhoria em pontos que um diretor ou presidente não conseguem enxergar, no entanto, não possuem um canal para expor possíveis oportunidades.

Costumo dizer que não tropeçamos em montanhas, são nos detalhes que encontramos os maiores ganhos nas organizações.

Todos os indivíduos de uma empresa são capazes de opinar sobre o trabalho que fazem e o que percebem à sua volta. E, claro, não menciono aqui a cor do sapato da fulana ou quem está flertando com quem, mas a percepção individual de cada um sobre o restante ao seu redor. Assim se forma a cultura organizacional, uma série de percepções sobre os demais e a forma como acabam se relacionando a partir dessas percepções.

Existem oportunidades em todos os cantos, basta observarmos e estarmos apoiados à metodologia para trazer estes ganhos à tona.

Sabemos que uma cultura organizacional começa de cima para baixo, mas em cada nível também acontece uma dinâmica que influencia de baixo para cima e para os lados. Todo colaborador faz parte e influencia de alguma forma. Por isso, suas percepções são importantes.

No processo de se aprofundar e conhecer mais sobre a organização e as pessoas, faz-se então algo parecido como uma pesquisa, para se compreender: como estão essas pessoas? O que elas pensam? Como intera-

Ouse ter sucesso

gem? Que dificuldades elas enfrentam no dia a dia? Elas percebem alguma possibilidade de solução?

Ouvir as pessoas nos permite enxergar, muitas vezes, um problema que a empresa carrega e cultiva há anos, pelo simples fato de não ter percebido essa dor. A solução vem, muitas vezes, de dentro da própria empresa, mas é preciso que venha alguém de fora para tornar perceptível o que antes se tornou hábito naquele meio.

Sinto que algumas equipes estão tão mergulhadas no dia a dia que não conseguem enxergar o potencial que poderiam atingir. E alguém com um olhar externo e capacitado notará com maior velocidade e rapidez por não estar envolvido.

Geralmente uma pessoa externa ajuda as demais a saírem daquele lugar de conforto, mexe com a atmosfera.

Buscamos trazer à superfície o que não está sendo visto. A partir dali, podemos sugerir alterações e melhorias, e principalmente colocá-las em prática!

— Edu?

Balanço a cabeça.

— Oi, Gustavo?

— Você está prestando atenção?

— Claro que sim. Continue!

— Então..., aqui todo mundo tem algo a dizer nesse sentido. Parece que todo mundo está insatisfeito e depreciando um pouco o trabalho do outro.

— Ótimo!

— Como ótimo?

— Onde há fumaça, há mais oportunidades de melhoria e de mostrarmos o nosso trabalho, Gustavo!

— Quanto mais abacaxi...

— Exato, mais soluções teremos!

— Me siga, quero aumentar o seu repertório de perguntas: se as pessoas pudessem medir ganhos, quais seriam as melhores formas? Quais evidências poderão demonstrar que atingiram determinados ganhos? Esses fatores o ajudarão a compreender possíveis direcionadores e indicadores de desempenho que veremos mais adiante.

Capítulo 3 • Conhecendo a organização

— Uau. Isso me parece incrível. Acho que todo mundo vai gostar disso, porque permite que os colaboradores enxerguem possíveis lacunas, e o mais bacana será compreender os possíveis ganhos.

— Claro! E nós usamos isso a nosso favor, rapaz.

Pego uma água no canto da sala e me sento em frente ao Gustavo.

— Estou impressionado, Edu. Já estava tão desanimado na empresa. Bendita seja a pessoa que te contratou.

— É a chefe do chefe que deixou você passar o dia aqui comigo.

Ele dá uma bela risada. Eu continuo:

— Pode parecer prematuro, /Gustavo, mas já aproveitamos e perguntamos para as pessoas: quais são os dias da semana que preferem para nos falarmos e/ou reunirmos, bem como o momento do mês, se no início, meio ou fim?

Ele coça a cabeça e fala, animado:

— Eu acho que todos vão se dispor a falar com a gente para demonstrar seus pontos de vista. Pelo menos, a maioria.

— Sim. E você notará que algumas áreas ficam bem atarefadas ou no início ou no final do mês, portanto, alinhe antes de desenvolver quaisquer encontros rotineiros, ou até mesmo o seu futuro cronograma de impulsão.

— E como eu faço para registrar tudo isso na prática, Edu?

— Você vai utilizar a tese inicial de impulsão da organização.

— Tese inicial de impulsão da organização?

— Sim, veja este exemplo.

HIPÓTESES INICIAIS

- Baixa produtividade da área x, tendo em vista o fato abc;
- Elevados gastos com devoluções aproximadamente r$ x entre os períodos mmm.Ano e mmm.Ano;
- Elevada rotatividade de pessoas na empresa ou na área x, aproximadamente z% entre o período a e b;
- Baixo faturamento no segmento z, comparativamente com o mesmo período do ano anterior, cerca de x;
- Elevada quantidade de retrabalhos, observados entre os períodos a e b, aproximadamente 4 erros de processamento para cada 10 realizados;

Ouse ter sucesso

Além destes, poderíamos listar algo coletado ao longo das entrevistas de aprofundamento de conhecimento da organização como:

HIPÓTESES INICIAIS

- Baixa adesão das equipes na utilização da nova tecnologia;
- Elevada barreira para aceitar as mudanças necessárias;
- Equipe / organização parou no tempo;
- Crescimento acelerado e os processos estão desestruturados;
- Inexistência de inovação nos processos;
- Não conhecemos os nossos resultados;
- Não possuímos controles adequados;
- Baixa confiabilidade dos controles;
- Etc.

Balanço a cabeça:

— Até este instante, você conseguiu o apoio da maioria das pessoas, certo?

— Acho que sim.

— Agora você possui ao menos uma tese ou esboço do que alcançará com o seu projeto de melhorias de processos?

— Não sei, Edu.

— Escreva uma carta e/ou um parágrafo dizendo quais são esses pontos.

— Certo.

— A impulsão de uma organização trata de um excelente planejamento e envolvimento de pessoas, portanto, avalie se é o momento de desenvolver junto com o RH ou *Marketing* um comunicado do início do projeto, validando com o *sponsor* e envolvidos com a impulsão da organização.

— Será?

— Claro, rapaz, quanto mais pessoas engajadas e envolvidas, melhor!

— Faz sentido.

— É importante correlacionar a identidade visual da organização e, se for mais arrojado, busque colocar um nome para o projeto, como por exemplo: Inovação em Processos, Busca pela Eficiência Organizacional, Processos Organizacionais X.0, Impulsão da Organização, dentre outros. Lembre-se de correlacionar com a sua tese inicial de projeto.

— Hum.

Eu me levanto e começo a dar algumas voltas na sala outra vez:

Capítulo 3 • Conhecendo a organização

— Envie para as equipes e siga a cultura da organização, ou seja, se for melhor fazer um comunicado verbal, então faça. Um e-mail somado a comunicados impressos, enfim, analise como você alcançará o seu público interno.

— Isso sempre dá certo?

— Iniciando da forma correta, existirá uma grande probabilidade de dar certo. Combine com todos os envolvidos antes de implementar algo, seja disciplinado, esteja disponível e sempre peça ajuda para as pessoas, você não fará nada sozinho.

— Ufa.

— Ainda não se sente seguro para desenvolver uma defesa de projeto?

— Totalmente, ainda não, Edu.

— Calma. Ainda não acabou.

Ele ri.

— Jesus... não acabou?

Risos.

— Conheça a organização!

— Hum.

— Em paralelo às entrevistas, é importante revisitar o instante da fundação da organização, o que os fundadores buscaram à época? Já alcançaram? Ocorreu alguma mudança de rota?

— Nossa, isso vai longe.

— Mas é claro, temos que reverenciar todo o passado da empresa, onde ela surgiu, por quem, por qual motivo, e aonde gostaria de chegar.

— É, acho que faz sentido.

— Claro que faz, não é assim com a nossa família?

Ele se estica na cadeira, como se tivesse tido um *insight*.

"Tocou a alma dele!"

Eu prossigo:

— Reflita: por que será que fundaram a organização? Foi para solucionar uma determinada dor de mercado? Foi por necessidade do momento? Resgate a história.

— Eu vou gostar de fazer isso, Edu. Já li a história da fundação no site da empresa, mas acho que há mais coisas a se descobrir a respeito.

Ouse ter sucesso

— Ótimo! Compreenda quais foram os principais motivadores para fundarem essa organização, o que fez tomar essa decisão. E por que optaram por isso?

— Ok!

— Da mesma forma, investigue, pergunte para as pessoas, pesquise, entre na página da empresa, busque por reportagens, artigos. Neste momento, se torne investigativo e, principalmente, observador.

Ando na sala, apontando para fora:

— Assim que eu conheço uma nova organização, peço para as pessoas me contarem a história, desde o surgimento, algumas até peço para filmar a narrativa, porque acabo revisitando junto toda a história.

Gustavo se levanta também e parece mais altivo agora.

Ele olha para fora e eu dou sequência, empolgado com a minha narrativa:

— Para quem não gosta de gravar a voz ou a imagem, escreva! Monte uma apresentação, no entanto, diga para ser verdadeiro. Liste os pontos de decisão, alternativas, produtos, soluções, enfim, recrie o instante zero.

— Sensacional – ele solta.

— Um ponto interessante é perguntar a origem do nome da organização.

— Nunca tinha pensado nisso, Edu.

— Outra observação interessante é perguntar sobre as cores utilizadas no logotipo ou até mesmo o porquê do logo. Virão respostas muito interessantes.

— Imagino que sim.

— Quanto mais riqueza tiver no relato, melhor será o ponto de partida para impulsionar a organização.

— Mas e a história?

— A história não significa que ficou na fundação, o objetivo é analisar a jornada, compreendendo os momentos, estratégias que deram certo e as que deram errado. Aprendemos muito com a jornada e esse é o objetivo deste momento de reflexão.

— Tá certo.

Ele se senta novamente, eu continuo em pé:

— Reforço que, ao possuir quaisquer ideias, *insights*, lembranças que faça sentido resgatá-las, registre em algum lugar, onde consiga revisitar posteriormente. O cobrarei no futuro, combinado?

Capítulo 3 • Conhecendo a organização

— Ok.

— Observe se for algo que precisará utilizar: "Ver e agir!"; e certamente você encontrará alguns ganhos rápidos.

— Ver e agir? O que é isso?

— Boa! Durante as entrevistas, surgirão sacadas que podem trazer ganhos rápidos para a empresa, sendo de baixa complexidade para implementação e com retornos elevados. Ao identificá-las com o entrevistado, alinhe com o gestor dessa pessoa, o nosso *sponsor*, e vamos colocá-las em prática o quanto antes.

— Vai ser incrível!

— Claro que vai! Reforço que deve alinhar e combinar com as pessoas envolvidas.

— E se tiver alguém que não queria participar?

— Isso não vai acontecer. O engajamento bem-feito e a oportunidade de melhoria são contagiantes.

— Estou percebendo – ele ri.

— Sendo necessário, revisite a sua tese inicial e o repositório de hipóteses.

— Edu?

— Diga!

— Tudo isso é para obter a percepção dos colaboradores?

— Olha, Gustavo! Você enxergará o negócio com os olhos de outras pessoas.

— Hum – ele põe a mão no queixo.

— A história será um bom momento de reflexão? Certamente! Agora, o que acha de pedir para outras pessoas complementarem essa história?

— Como assim?

— Quais foram as pessoas importantes nessa trajetória e o que elas recordam de pontos que foram favoráveis? E aqueles que não deram certo, mas adquiriram um conhecimento que não possuíam?

— Deve ter um monte.

— Pois então. Não se limite a perguntar somente para os colaboradores e/ou sócios atuais ou do passado, você poderá expandir para clientes e fornecedores.

Ouse ter sucesso

— Até os fornecedores?

— Sim, quantos não fazem parte da história da empresa? Não nasceram com ela ou por causa dela?

— Sim.

— Poderíamos repetir algo que foi sucesso no passado, no entanto, com outro olhar? Revitalizando com a tecnologia atual?

— Legal. Parece algo como: o que aprendemos com os erros, agora podendo potencializar os resultados, com novas ações?

— É isso mesmo, Gustavo. Costumo dizer que a origem de tudo nos ajuda a renovar ciclos e a impulsionar de maneira ágil as organizações.

Suspiro, e a minha empolgação me faz refletir num piscar de olhos.

Assim como na vida, olhar para nossa ancestralidade e história nos permite o entendimento de quem somos, o mesmo acontece com uma empresa. Pense: quando temos uma dificuldade e olhamos atentamente para nossos pais, avós, bisavós e até mesmo a nação de onde eles vieram, passamos a compreender os padrões que nos acompanham durante a vida.

Por exemplo: se eu sou descendente de italiano, pode ser que a minha família tenha, aparentemente, uma maneira mais gestual de se comunicar, pois italianos falam alto, gesticulam e discutem ao mesmo tempo, como se estivessem brigando. Porém, esse comportamento faz parte da minha linha genealógica, da qual não posso fugir. Se me casei com uma pessoa, que por outro lado, em sua ancestralidade, tem uma nacionalidade de fala mais branda e individual, como uma mulher alemã, pode ser que eu venha a ter desentendimentos em meu relacionamento. Então, eu analiso a minha história, a minha ancestralidade, compreendo os meus padrões e faço o mesmo com a minha companheira. Com isso, percebo que não temos um problema de amorosidade entre um e outro, mas apenas padrões de comportamentos diferentes.

Conhecendo a história de uma empresa, os motivos que levaram um fundador a criar essa organização como foi criada, quem participou desse processo, quais eram seus objetivos, o que deu certo, o que deu errado, nos permite compreender os padrões de comportamento que estão sendo utilizados no momento e o que pode melhorar. Compreendo por que os processos são como são e por qual razão as pessoas agem como agem.

Capítulo 3 • Conhecendo a organização

Olhando para trás dentro de uma empresa e ouvindo seus colaboradores, podemos ter a surpresa de relatos, por exemplo, de presidentes e diretores que foram muito admirados e são sempre citados como exemplo. E vice-versa. Passamos a conhecer projetos que foram bem-sucedidos e outros que foram considerados um desastre. Olhar toda a linha genealógica de uma empresa, quais pessoas fizeram parte disso, tudo aquilo que deu certo e o que deu errado nos abre os olhos para utilizar mais o que deu certo e eliminar o que não deu.

A história se repete e isso não funciona apenas numa realidade pessoal, mas dentro de organizações, sejam elas grandes ou pequenas, novas ou antigas. Basta observá-las atentamente com olhar inovador e vontade de evoluir.

A partir dali se criam possibilidades.

Respiro fundo e volto minha atenção novamente para o Gustavo, que comenta:

— Ciclos, igual na vida.

— Sim. E falando sobre ciclos, cada organização possui os próprios, alguns mais curtos e outros mais longos. Independentemente do momento, tamanho e tempo de existência. Todas possuem e poucas param para refletir.

— Eu estou iniciando um novo ciclo com você.

— É claro que está.

— Mas não é só na empresa, na minha vida.

Suspiro e olho fundo em seus olhos.

"Fiquei emocionado."

Mas continuo, sem demonstrar meu lado manteiga derretida:

— Uma frase que cabe neste momento é: "Faça rápido, erre rápido e acerte rápido".

Além de um olhar interno, vale ressaltar a necessidade de analisar o ambiente externo. Não somente como estão os concorrentes, ambiente econômico, enfim, as forças de Porter, mas com frequência recomendo aos empreendedores e aos gestores sempre se questionarem: "Qual é o produto ou serviço que quebrará a sua empresa no futuro?".

— Sério!?!

Ele continua fazendo anotações no caderno.

"Estão parecendo meio bagunçadas as anotações..."

Ouse ter sucesso

Prossigo:

— Com esta pergunta no radar, elevamos a nossa análise da situação atual para outro patamar, juntando o conhecimento histórico com o ambiente que estamos inseridos e o olhar para o futuro.

— Você é demais. Gostei da *Exection*.

Eu sigo falando:

— Passado, presente e futuro em poucas análises e com um nível de riqueza fora de série para que possamos dar os primeiros passos rumo ao impulsionamento da organização. E algo muito importante! Você estará embasado em fatos e dados, enriquecendo ainda mais as possibilidades de melhorar os resultados da empresa.

— Você vai me contar a história da *Exection* depois?

— De certa forma já estou contando.

— Como assim?

— Isso é o que a *Exection* faz.

— E tem mais?

— Muito mais!

Eu me sento outra vez bem à sua frente:

— Você vai saber mais sobre a *Exection* durante todos os dias e pelo menos nos próximos seis meses. Agora, lembre-se que você é o seu próprio concorrente, o limite está em você.

— Gostei.

— Vou te dizer uma coisa, Gustavo.

— Hum?

— Gosto muito mais de olhar para dentro do que para fora, mas não fico alienado com isso, uma vez que olhando para fora poderemos ter ideias de como melhorar internamente.

— Sensacional! Mas como vamos registrar isso tudo?

— Sim, sim... Registraremos as oportunidades de melhorias.

— Pois é.

— Para cada nova descoberta, registre as oportunidades, sejam de negócios ou melhorias. Você notará que existirão ganhos rápidos, logo no primeiro passo de "investigação".

Capítulo 3 • Conhecendo a organização

— Você tem algum exemplo?

— Lógico, né?

Base de Oportunidades de Melhorias					
Cód.	Área	Processo	Cód. OM	Responsável da Área	Oportunidade de Melhoria
1.1	Suprimentos	Geração de Pedido de Compras para Materiais Nacionais	SUP. FLX.001	Nome_1	Quantidade Elevada de Antecipação e Prorrogação de Compras de Materiais
1.2	Suprimentos				
1.3	Suprimentos				
1.4	Suprimentos				
1.5	Suprimentos				

— Ufa!

— Ao final, desenvolva uma apresentação do que você conseguiu até o momento e, com o apoio do RH, divulgue para os demais.

— Legal! Mas você fala como se meu gestor fosse me deixar fazer tudo isso.

— É claro que vai.

Gustavo ri:

— Nada como ser amigo do amigo do chefe da chefa.

Solto uma gargalhada:

— Não sou amigo dela, por enquanto, mas gosto muito do que faço e sempre utilizo o *networking* para um bem maior.

— Estou vendo.

— Continuando, e anota no caderno...

— Sim, senhor.

"Lá vem essa continência esquisita outra vez."

— Recomendo fazer uma apresentação presencial e/ou remota para que as pessoas sintam e vivenciem a evolução do projeto.

— Ok.

— Deixe um canal aberto para trazerem mais oportunidades de melhorias, certamente as possibilidades aumentarão, e algumas que somente pessoas que estão na ponta enxergariam chegarão até você.

Ouse ter sucesso

— Legal.

Ele anota mais coisas no caderno e eu continuo:

— Deixe no seu radar que as pessoas que contribuírem vão querer um retorno para saber se o que elas sugeriram foi adiante ou não.

— Mais alguma coisa, senhor?

"Vamos aproveitar ao máximo este tempo glorioso de descobertas!"

— Claro! Desenvolva o cronograma das atividades.

— Como? Alguma sugestão?

— Neste ponto, você possui subsídios para evoluir no cronograma, com ao menos o sentimento do tamanho do desafio, estou certo?

Ele balança a cabeça.

— Acredito que sim.

— Pois então. Você coletou uma quantidade elevada de informações e, quem sabe, dados para iniciar uma jornada, e nada melhor do que deixar uma referência de prazos para que tudo aconteça e se concretize.

— Estou pensando aqui com meus botões...

— Diga.

— Eu aposto que você já tem um modelo de cronograma para me passar.

— Lógico, né?

SOLUÇÃO

O cronograma abaixo foi desenvolvido de acordo com a média de tempo de implementação que encontramos no mercado, servindo como uma boa referência.

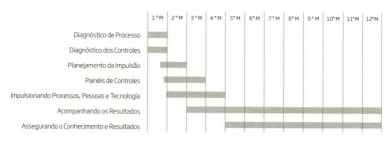

— E o que mais?

— Alinhe as datas de início e fim de cada atividade junto com os envolvidos para que consiga o comprometimento e engajamento necessários.

Capítulo 3 • Conhecendo a organização

— Ok!

— Quaisquer desvios ou atividades complementares devem ser acrescentadas no cronograma para que possamos ter o histórico.

— Legal.

— Compartilhe constantemente a evolução e resultados alcançados.

— Por que, Edu?

— Para que as pessoas vejam a evolução do trabalho, se sintam parte dele e assim fiquem motivadas a participar sempre.

— Algo mais?

— Claro. Ainda tem o *book* do projeto.

— *Book* do projeto? Vamos vender *e-book* no *Amazon*? – ele ri.

— Ainda não, mas futuramente talvez – agora eu rio também e dou um tapinha em seu ombro.

— Como é isso?

— O *book* do projeto é como se fosse o diário da jornada, é o registro para que possamos compreender o antes e depois, bem como gerir o conhecimento.

— Hum.

— Recomendo que o registro da história da empresa, da investigação, de toda a sua observação que foi realizada, seja feita nesse documento, possuindo em um mesmo lugar todo o repositório de conhecimento.

— Esse processo tem a ver com que área da empresa?

— Note que de alguma forma já conectaremos com um dos subprocessos de RH, que é a gestão do conhecimento.

— Faz sentido.

— E nesse documento conseguiremos compreender os ganhos qualitativos e quantitativos com o projeto, ou seja, o valor que você e equipe agregaram para o impulsionamento da organização.

— Preste atenção, Gustavo. Desde o primeiro dia de projeto, já inicie o preenchimento do *book*, caso contrário terá que fazer um exercício hercúleo para lembrar de tudo o que se passou.

— Hercúleo? De que idioma você está falando, cara?

"Cara?"

41

Ouse ter sucesso

Levanta rindo e pega uma água para ele. Volta a se sentar.

— Hercúleo, meu caro.

— Você vai me fazer procurar no *Google*?

Suspiro:

— Hercúleo: que demanda um esforço excessivo; que é muito árduo ou difícil de ser realizado.

— Ninguém merece.

— O esforço ou o hercúleo?

— O hercúleo.

Risos.

Nossas gargalhadas chamam a atenção do pessoal de fora.

— Tá, hercúleo, Edu...

— Toda terça e quinta vai ficar hercúleo a partir de hoje.

— Sério? Terça e quinta?

— Conte com isso!

Não consigo parar de rir.

O dia passa com muitas conversas e aprendizados.

Capítulo 4
Visão geral da organização

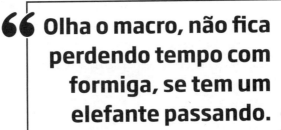

> **Olha o macro, não fica perdendo tempo com formiga, se tem um elefante passando.**
>
> **Andres Rojas**, ex-diretor superintendente da Bauko Movimentações e ex-CEO da Syncreon Logística.

Quinta-feira.

Dois dias se passaram desde o meu primeiro contato com o Gustavo. Passamos a manhã revisando alguns documentos, informações, dados e falando sobre o que foi feito na terça e quarta-feira.

Agora, nós estamos na sala de vidro, o aquário, quando sinto o estômago apertado.

Olho no relógio: 11h30.

"Mas você se manifestou cedo hoje, hein, rapaz?"

Olho para o Gustavo, entretido com as análises e consolidações dos conhecimentos adquiridos.

— O que você acha de a gente ir almoçar?

— Eu? Com você?

— Claro. Terça-feira eu almocei com um gestor, mas hoje vou almoçar com você. Você não está com fome?

Ele olha no relógio e responde, meio sem jeito:

Ouse ter sucesso

— Até estou, mas é que eu nunca almocei com ninguém na empresa.

— Como assim, Gustavo? Você está me dizendo que sempre almoça sozinho?

Ele balança a cabeça, visivelmente envergonhado.

— Pois de agora em diante, você almoça comigo e vamos começar a convidar algumas pessoas para ir conosco.

O estagiário continua com um ar de chateado.

— Se ninguém nunca te convidou para almoçar aqui, Gustavo, o problema são os demais. Não há nada de errado com você.

— Você acha mesmo?

— Tenho certeza. E nós vamos trabalhar isso juntos.

Eu me levanto e gesticulo com a mão:

— Vamos?

Ele se levanta e respira fundo, como se tirasse um peso morto de seus ombros.

— Tá hercúleo ainda, Gustavo?

— Não, Edu, não está mais.

Rimos e saímos da sala.

Chegamos ao refeitório da empresa, ainda vazio. Parece que somos os primeiros a chegar.

"Que bom, assim comemos e conversamos com tranquilidade."

Nós nos servimos sem pegar fila e nos sentamos numa mesa de canto, um de frente para o outro.

Começamos a comer em silêncio, afinal de contas a fome estava grande, mas pouco depois, o jovem me questiona:

— Quando foi que você começou a se interessar por impulsionar empresas?

Eu penso com meus botões, antes de responder:

— De verdade, acho que dois fatores me influenciaram muito neste sentido.

— Quais?

— O primeiro é que, desde cedo, meu pai me levava para ficar com ele, na empresa em que trabalhava.

— Hum.

Capítulo 4 • Visão geral da organização

— Eu participava das reuniões e ficava atento a tudo que diziam.

— Quantos anos você tinha?

— Ah, isso foi bem cedo, acho que eu tinha uns sete anos.

— Sete?

— Sete – respondo balançando a cabeça.

— Você gostava?

— Eu adorava! Achava o máximo estar com os adultos e ouvir tudo o que eles falavam sobre negócios. Eu me sentia um pequeno grande homem.

Ele ri e mastiga ao mesmo tempo, tapando a boca com uma das mãos.

— E quanto tempo você frequentou as reuniões na empresa que seu pai trabalhava?

— Alguns anos, viu? E me influenciou muito, mais tarde, quando fui prestar vestibular.

— Verdade?

— Verdade. Mas vou terminar de responder a sua primeira pergunta.

— Não terminou ainda?

— Não, ainda tem o segundo fator que me influenciou a gostar de empresas.

— E qual foi?

Termino de mastigar um pedaço de filé e respondo:

— A minha mãe teve uma loja de roupas num *shopping* durante dois anos.

— Que legal. E você trabalhava com ela?

Balanço a cabeça em sinal afirmativo:

— Trabalhava... e mais do que isso... eu a ajudava a compor os preços dos produtos, controlar o estoque, negociar com os fornecedores.

— Não acredito. Quanto anos você tinha aí?

— Doze.

Ele ri.

— E eu achando que era muito novo para ser estagiário e trabalhar.

Eu caio na gargalhada:

— Deixa de ser preguiçoso, rapaz, trabalhar é maravilhoso.

— Eu também acho, mas quando a gente está num bom ambiente, fazendo o que a gente gosta.

Ouse ter sucesso

Olho para ele e digo:

— Nós podemos e devemos ser os agentes transformadores do ambiente que gostaríamos de estar.

— Você acha mesmo?

— Toda empresa tem potencial de melhoria, toda empresa quer crescer e melhorar!

— Mas e se esta não quiser mudar?

— A empresa quer mudar, senão não teria me contratado.

— É...

Comemos mais um tempo em silêncio, até ele me interpelar de novo:

— Mas como era na loja da sua mãe? Você passava o dia todo lá? Tinha um computador? Você vendia roupas também?

Tomo um gole de suco e conto, com satisfação:

— Eu ia até a loja da minha mãe todos os dias, após a aula. Eu cheguei a fazer uma planilha de Excel para ela, com preço de custo, de venda, quantidade no estoque, as variações de preços considerando as formas de pagamento...

— Que incrível. Sua mãe sabia mexer no Excel?

— Não.

— E você sabia, com doze anos de idade?

— Pois é, eu era meio curioso.

— Curioso?

— Sei – ele ri.

Eu continuo:

— Eu adorava trabalhar na loja da minha mãe. Achava bacana empreender!

Eu respiro fundo, sentindo a nostalgia daquele período incrível da minha vida.

"É... acho que eu já era um pequeno empreendedor naquela época."

Acredito que o sistema educacional ainda não evoluiu o suficiente para ministrar matérias como: empreendedorismo, finanças, inteligência emocional, liderança, mentoria, *coaching* e outros temas que deveriam ser inseridos no currículo escolar.

Capítulo 4 • Visão geral da organização

Poucas são as pessoas que nascem com o empreendedorismo como um talento, mas isso não significa que não possa ser desenvolvido. Pode sim. Não só pode, como deve!

O empreendedorismo é diferente de simplesmente se tornar um empresário. Quando se pensa em empresário, geralmente se imagina uma pessoa com capacidade financeira para ter um espaço, desenvolver produtos e serviços, contratar colaboradores e passar a gerir de imediato uma empresa pequena, média ou grande. Isso está certo, mas nem sempre é assim.

Quando falamos em empreendedorismo, imaginamos uma ou mais pessoas que, independentemente da situação financeira, são capazes de começar seu próprio negócio, geralmente do zero.

Imagine uma pessoa com vontade e garra, que não tem condições de alugar um local, de revender produtos, que precisaria comprar de antemão e contratar colaboradores. Sendo que essa pessoa é uma excelente cozinheira, com uma aptidão que nasceu com ela. Então, começa a cozinhar em casa, com os recursos que possui. A cozinheira precisará "apenas" comprar os ingredientes e utilizar o seu talento. Em seguida cria no Facebook, Instagram e outras redes sociais páginas do seu produto. Também se cadastra em aplicativos de entrega de comida, como o iFood.

Empreendedorismo é começar com o que se tem, com uma visão básica de finanças, crescendo a cada dia, desenvolvendo um negócio e se capacitando constantemente. Não existem mais barreiras para a busca proativa de conhecimento.

Digo que empreender é solucionar um problema, uma dor, independentemente desse problema ser grande ou pequeno.

Empreendedorismo também é uma *soft skill*, pois é preciso coragem para partir do zero, usando os próprios talentos, seja o que for: uma habilidade artesanal, financeira, de comunicação, artística, de ensino, dentre outras.

Tenho esperança de que ainda vivenciarei a mudança educacional no nosso país, noto que algumas universidades já iniciaram essa virada de chave.

O empreendedorismo pode estar em qualquer lugar e ele permite liberdade, autonomia, aprendizado, reconhecimento, inserção na sociedade e satisfação no dia a dia.

Ouse ter sucesso

Não pense que a jornada é fácil, pelo contrário, muitas vezes precisará utilizar feriados e finais de semana, precisará estudar muito e certamente não será o suficiente, uma vez que constantemente será necessário se atualizar.

Respiro fundo e volto ao refeitório com o Gustavo.

Terminamos nosso almoço e vemos os colegas da empresa chegando. Alguns chegam em duplas, outros em trios e poucos grupos maiores.

Pergunto:

— São sempre as mesmas pessoas, Gustavo?

Ele olha com a cabeça levemente baixa e responde:

— São.

Olho sério para ele:

— Se as pessoas não estão aceitando você, incluindo e integrando, é um problema sério delas e da empresa, não tem nada a ver contigo.

— Sério?

— Claro. Uma empresa tem que trabalhar para que seus colaboradores sejam abertos e receptivos uns com os outros e não criar várias panelinhas que excluem uns aos outros.

Ele suspira:

— É.

— É mesmo. E não se preocupe, com a metodologia de impulsionamento organizacional, tudo isso melhora muito, se transforma, há um processo de integração verdadeiro entre as pessoas e setores.

— Mas não era só uma melhoria de processos?

— E quem está por trás dos processos?

— É...

Eu me levanto:

— Vamos? Temos muito trabalho a fazer!

Ele se levanta.

— Vamos!

Estamos de novo no nosso aquário, cada um com um copo na mão, já que nos permitimos passar pela área do café e nos reabastecer.

Eu me sento de frente para o jovem estagiário e retomo as explicações do nosso trabalho.

Capítulo 4 • Visão geral da organização

— Com a preparação inicial desse trabalho, o seu nível de conhecimento da organização ficará mais elevado e, deste momento em diante, o impulsionamento da organização e da sua carreira será ainda mais rico.

Gustavo abaixa a cabeça e entrelaça uma mão na outra. Depois volta a me olhar:

— Você fala de mim como se eu fosse importante.

— Mas você é importante.

— Eu sou só um estagiário.

— Todos têm importância. E estamos crescendo. Hoje você é um estagiário, amanhã pode ser um colaborador efetivado, depois um analista, supervisor, gerente, diretor e até mesmo o presidente desta ou de outra empresa.

— Será? Você acredita mesmo nisso?

— Eu não era o estagiário financeiro da loja da minha mãe? E quem tem que acreditar é você!

Risos, continuo:

— Quando eu a ajudava a compor os preços das roupas que vendia, eu não imaginava que seria empreendedor um dia. Faça o que você gosta e continue acreditando em você e nos seus valores. Estude, aprenda, se mantenha aberto, para sempre aprender. Você tem muito a crescer ainda, rapaz. É jovem!

— Obrigado! Mas eu não sei bem ainda todos os passos.

— Estou aqui para direcioná-lo e certamente, com as análises iniciais que estamos fazendo, novas ideias surgirão, uma vez que resgatar a história da empresa, analisar os fatos, compreender as evoluções, você fará as suas reflexões sobre tudo isso e oportunidades surgirão.

— É, faz sentido.

— Claro que faz.

— E por onde eu começo? Como me programo?

— Você deve se concentrar numa visão holística.

— Uma visão geral? Do todo?

— Isso. Para você se programar e possuir a visão do todo, desenhe uma jornada macro da empresa. Pense: se tivesse início, meio e fim, quais seriam os passos que alguém percorreria? Se fosse uma loja de departamento, por onde o cliente entraria e por onde sairia?

Ouse ter sucesso

— É... pensar numa loja de departamentos parece que fica mais fácil.

— Então vamos seguir com este exemplo.

— O que eu faço, Edu?

— Você deve desenhar um macrofluxograma para ajudar a enxergar o todo.

Ele suspira e entra na minha *vibe*:

— Tá.

— A sua visão holística que contará.

— E como eu faço esse macrofluxograma?

— Utilize o *software* Bizagi® ou Visio®, será mais adequado de manter e evoluir no documento gerado.

— Hum.

— Não se preocupe, anota no seu caderno.

Ele puxa o caderno rapidamente e escreve alguma coisa.

"Muito bem, não podemos confiar na nossa memória, por melhor que ela seja. São tantas coisas para se fazer, que uma delas pode passar batido, se não anotamos."

Eu reforço:

— Anota tudo, porque eu vou cobrar absolutamente tudo depois.

— Credo.

— Credo, nada, você não quer subir na organização e na vida?

Ele me olha de boca aberta:

— Quero!

— Então anota! Não importa em que função você esteja, sempre anote num caderno. E sempre tenha um caderno à mão, nunca vá a uma reunião sem algo para anotar e sempre faça um *follow-up* ou acompanhamento de todas as suas atividades.

— Eu já faço isso.

— E continue. Para a vida toda.

Ele abaixa a cabeça e brinca enquanto escreve:

— Sim, senhor.

Eu termino meu café e volto para a sequência de explicações:

— Convide as pessoas chaves da organização e revisite as oportunidades de melhoria que conseguiu capturar ao longo da análise da história da organização.

Capítulo 4 • Visão geral da organização

— Tá, mas e se algumas pessoas se incomodarem com isso?

— Aí entram as suas *soft skills*, empatia, inteligência emocional.

Ele balança a cabeça e olha com atenção, mas em silêncio. Por isso eu continuo:

— Desenvolva um funcionograma... – ele me interrompe:

— Funcionagrama? O que é isso?

— Um registro das funções dos colaboradores que participam dos processos que iremos impulsionar, precisamos conhecer quem faz o quê.

— Ah... ok. Uma lista do que cada um faz.

— Exato. Ou se a organização possuir, solicite ao RH o organograma para facilitar a identificação dos responsáveis e procurar entender as responsabilidades de cada um.

Ele escreve rapidamente no caderno e volta a me questionar:

— E depois?

— Faça um exercício de conciliar as oportunidades de melhorias iniciais com os departamentos ou áreas, ou até mesmo algo corporativo, que ainda não encaixa em nenhuma delas.

— Como assim?

— Digamos que no departamento de RH ainda não exista uma pesquisa de clima implementada, você sugere que seja criada.

— Tá, entendi.

— Uma dica importante é estabelecer *check points* com esse grupo que se iniciou, até mesmo para ter a prestação de contas e quem sabe ainda mais contribuições.

— Legal.

— Descubra se a organização possui alguma ferramenta de comunicação ou de acompanhamento de projetos. Pode ser uma boa ideia utilizar o que já é usado por aqui para reportar as evoluções.

— Mas e se eles não tiverem nenhuma?

— Aí eu dou algumas sugestões: *Trello®, Asana®, Monday®, MS-Project*. Existem várias no mercado, analise a que mais se adapta à organização e sua cultura organizacional.

— E de quando em quando eu devo fazer essas reuniões com os departamentos, Edu?

Ouse ter sucesso

— Recomendo que não ultrapassem três meses para cada reencontro, uma vez que podem surgir diversos assuntos e temas, que demandem tomada de decisão. E confie em mim, três meses passam muito rápido. E algo importante: reúna-se semanalmente com o *sponsor* do projeto para que consiga o apoio necessário para evolução das ações.

— E depois disso? Digo, o processo entre um encontro e outro?

— Pense nas ações práticas para desenvolver a visão holística, Gustavo.

— Como assim?

— Reúna os principais líderes e não se apegue aos cargos, pode ser que você tenha líderes com cargos de assistentes.

Termino meu café.

— Ahhh – suspiro.

"Quero mais!"

— Uau..., verdade, já percebi isso. Acho tão incrível, porque tem gente que se acha importante por estar num cargo de liderança, quando na prática atua de forma bem inferior a outro que está num cargo menor e se gaba diante desse mesmo colaborador.

— Com humilhação e tudo mais?

— É – ele abaixa a cabeça chateado.

— Não se preocupe, essas coisas melhoram, até porque esse que se gaba de uma função com arrogância e superioridade acaba caindo uma hora ou outra, e dá espaço para quem realmente tem liderança com empatia e naturalidade.

— Tomara.

Ele suspira de novo.

Eu continuo:

— Contextualize para as pessoas o objetivo desta etapa do Impulsionamento da Organização, onde a ideia é: compreender qual é a jornada do cliente de forma macro.

— Tá.

— Peça para imaginarem por onde que seria a porta de entrada da organização, por onde o cliente de vocês inicia o contato?

— Tá.

Capítulo 4 • Visão geral da organização

Eu me levanto empolgado e fico caminhando pela sala, olhando para fora:

— Faça o caminho junto com as pessoas, provocando-as se realmente é esse. Elas notarão que pode existir mais do que um caminho para iniciar o contato, então desenhe esses caminhos...

— Desenhar?

— Isso. Recomendo utilizar a notação BPM - *Business Process Management*, e este material poderá servir de base para outras iniciativas, como as tecnológicas, por exemplo.

Ele escreve tudo no caderno e eu paro com as mãos na cintura, ainda olhando para fora do aquário.

Continuo:

— Provoque as pessoas, envolva-as na construção e no sentido de dizerem: depois do primeiro contato, para onde o cliente é direcionado?

— E depois que já se tem o cliente?

— Assim que fechar algo, deve se perguntar: quem "toma conta" do cliente dentro da empresa?

— É, faz sentido.

— Sim. E não para por aí. Para onde vai o pedido? Dentre outras perguntas pertinentes para o segmento da empresa, até chegar à entrega do serviço e/ou produto. E depois de entregar, quais são os processos que entram em ação? Existe pós-vendas? E o Contas a Receber já foi falado? E cobrança entra depois disso?

— Nossa. A *Exection* passa por todos os departamentos da empresa?

Olho para ele e balanço o queixo para baixo:

— Passa, tem que passar. Está tudo conectado, Gustavo. Não tem como arrumar só uma área da organização ou metade dela. Tem que se olhar o todo.

— É... a visão holística.

— Exatamente.

— Difícil.

Eu respiro fundo e toco seu ombro um instante, olhando para ele:

— É desafiador. Depois disso, você nunca mais vai olhar uma coisa só. Você treina o seu olhar para o todo e isso vale inclusive para a sua vida pessoal.

53

Ouse ter sucesso

— É, vale mesmo.

— E, depois disso, terá várias opções para você mesmo.

— Como assim?

— Você passa a entender o funcionamento de todas as áreas, por isso, poderá apoiar a evolução das melhorias dos processos que forem priorizados pela organização.

— Uau!

O jovem se levanta e fica na mesma posição que eu, ao meu lado.

Ambos olhamos ao redor, do lado de fora, e suspiramos.

Eu sento e Gustavo decide fazer o mesmo, de frente para mim.

Eu prossigo:

— Não existe o desenho certo ou errado, no entanto, a dica que deixo aqui é você pensar e analisar se o desenho atual está claro para todos.

— Ok, faz sentido.

— Não se assuste, caso o primeiro desenho fique confuso, ou como um cliente me disse uma vez: "O nosso primeiro desenho parecia um caminho de rato".

Ele cai na risada.

— Ao longo desse processo, anote o que as pessoas recomendarem ou sugerirem. Registre no repositório de Oportunidades de Melhorias, sem julgamento, apenas liste.

— Assim elas também sentem que foram ouvidas, né?

— Sim, elas foram levadas em consideração e suas opiniões foram validadas, reconhecidas, é bem importante.

— Você é *top*.

Eu rio.

— Não alimente meu ego, meu rapaz.

Agora ele ri e descontrai o semblante, antes sério.

Prossigo:

— Lembrando que, se algo urgente for detectado, deve ser endereçado rapidamente. Ver e agir! E será exatamente isso que deve fazer.

— Tá.

Capítulo 4 • Visão geral da organização

— Ao final desse exercício, autoestabeleça um prazo para enviar o macrofluxograma e o registro das oportunidades de melhorias atualizado, para que os envolvidos validem e, da mesma forma, com um prazo.

— Isso é muito legal.

— É mesmo, fico feliz que perceba isso.

— É uma oportunidade única para mim, de me aproximar de todo mundo.

Toco seu braço agora e olho sério para ele, mais uma vez:

— E lembre-se que, além dessa oportunidade de se aproximar das pessoas, é um aprendizado para você sobre cada uma delas: o que fazem, o que pensam, o que desejam, elas serão ouvidas por você. Você vira o jogo totalmente.

— Como assim?

— Se antes elas ignoravam você, agora irão querer falar com você, porque num meio de trabalho que está com problemas e dificuldade, o que as pessoas mais querem é serem ouvidas.

Ele suspira.

— Entendi.

Eu volto à minha explicação:

— Reforçando que o seu papel é dar ritmo ao projeto, as pessoas estão envolvidas no dia a dia da organização e você é o apoio, o facilitador.

— Hum.

Gustavo me olha com a caneta e o caderno nas mãos. Eu prossigo:

— Agora, pense sobre a visão financeira atual.

— Como assim?

— O momento financeiro atual e quais instrumentos a empresa possui para análise: fazem parte da visão holística.

— Edu, você sabe que eu sou de *marketing*, né?

— E daí?

— E daí que eu não tenho conhecimento de finanças.

Eu sorrio e ponho o dedo esticado na testa outra vez.

"Isso é tão automático..."

— Sei que você irá atrás desse conhecimento. Estou certo?

Ouse ter sucesso

Eu fecho os olhos por um instante e respiro fundo, pensando com meus botões:

Quando pensamos na carreira dentro de uma empresa, desde o início de uma contratação, geralmente imaginamos uma entrevista de trabalho para uma determinada função. Com sorte, a pessoa se encaixa na atividade e cresce dentro da área e da organização. Esta ainda é uma visão muito praticada, porém minimizada do que realmente pode vir a ser o trabalho e a carreira de uma pessoa no mundo corporativo.

Imagine que você tenha um departamento de recursos humanos com uma visão holística sobre as oportunidades de trabalho para todos os seus colaboradores. Vamos pensar num exemplo. Quando um estagiário é contratado, ele costuma passar por um período entre um e dois anos dentro dessa empresa. Se houver um projeto de integração estruturado para esse jovem, ele pode passar cerca de três meses em cada departamento, variando entre algumas funções. É claro que ele não vai estar numa função elevada. Porém, ele pode ter a oportunidade ao lado de pessoas em cargos de supervisão ou gerência em todos os departamentos. Isso permite que conheça todas as áreas, como a empresa funciona, ao mesmo tempo que o departamento de recursos humanos pode compreender onde esse estagiário se encaixará melhor.

Se todos estão alinhados, os supervisores e gerentes irão passar *feedbacks* significativos para a área de recursos humanos sobre a *performance* do estagiário com regularidade. Ou seja, isso permite que a empresa realoque o seu estagiário e todos os seus colaboradores, se esse for um procedimento padrão, onde eles se encaixarem melhor. Com isso, utilizará o potencial de todas as pessoas da melhor forma possível.

Infelizmente, ainda é bem comum vermos dentro de uma empresa pessoas certas nos lugares errados. O que isso significa? Significa que você pode ter uma pessoa excelente de comunicação trabalhando em finanças, assim como alguém excelente em finanças trabalhando em recursos humanos. Ou, ainda, você tem um gênio da computação trabalhando em vendas. Afinal, por que isso acontece? Porque as empresas, especialmente a área de recursos humanos e gestores, não têm tempo, procedimento ou visão para analisar seus colaboradores de acordo com o seu próprio potencial.

Capítulo 4 • Visão geral da organização

Quando se contrata um colaborador, pensa-se na função, o que é natural. Porém, com o tempo, se a empresa tiver uma visão holística, ela irá criar um processo para que todos os seus colaboradores sejam acompanhados em suas funções e rendimentos, além do potencial que eles têm por natureza, aquilo que vai além do seu currículo e certificado universitário, claro que ambos são importantes.

Como é um trabalho minucioso, diário, e que precisa de tempo, é necessário envolver as pessoas, que estão acima dos colaboradores, para que elas saibam reconhecer as qualidades e até mesmo estarem abertas, para abrir mão desses colaboradores e sugerir que eles mudem de área.

Gosto muito da frase: *"Não existe pessoa errada, o que existe é uma pessoa certa no lugar errado".* Reforço essa frase, porque é muito importante que as pessoas possam compreender o potencial que possuem. Uma pessoa pode ter um rendimento muito ruim numa determinada área, porém isso não significa que ela é uma funcionária ruim, mas apenas que não está no lugar certo.

A maioria das pessoas possui potencial, talento e força de vontade. Acredito que dois dos papéis dos líderes das áreas está em: acompanhar a evolução das equipes e direcionar cada colaborador para obter o seu melhor.

— Edu?

"Como eu gosto desta frase."

— Edu??

"Ela serve para toda e qualquer organização."

— Edu???

— Oi, Gustavo?

Ele ri.

— Você está aí?

Pigarreio um pouco, limpando a garganta.

— Onde é que eu estava mesmo?

Ele cai na gargalhada.

— É apenas para ver se estava prestando atenção em mim.

— Acho que estávamos no meu medo de ir para finanças.

Coloco o dedo em riste no meio da testa outra vez:

Ouse ter sucesso

— Isso, isso, vamos lá, vai anotando tudo no caderno.

— Sim, senhor.

"Acho que ele está tirando sarro."

Continuo:

— Convide o financeiro para apoiá-lo nesta etapa. Como você já sabe quem é quem dentro da empresa, utilize a sua melhor versão investigativa e peça para explicar o momento financeiro atual da organização com os instrumentos que tiverem disponíveis, não sendo necessário criar ou desenvolver nada em especial.

— Ai, meu Deus.

Olho sério para ele.

— Calma Gustavo, tenho certeza de que você é capaz.

— Vai lá, Edu, continua!

— Neste momento, você é o clínico geral, é o médico que gostaria de avaliar o paciente.

— Hum.

— Cruze as informações, verificando se estão corretas, e busque algumas evidências para potencializar os seus resultados.

— Me explica o básico, por favor.

Balanço a cabeça em sinal afirmativo e prossigo:

— Via de regra, as organizações possuem três fontes de controles.

— Hum.

— Fluxo de caixa é o mais importante, sem dinheiro em caixa a organização quebra.

— Tá...

Ele anota e eu vou seguindo:

— DRE, que é o Demonstrativo de Resultados do Exercício, e certamente um bom escritório de contabilidade fornece com frequência, ao menos anual, agora caso não possua, já vale pensar em trocar de contabilidade.

— Pode ser uma oportunidade de melhoria?

— Exatamente, Gustavo, e para isso você precisou de conhecimento de finanças?

— Não.

58

Capítulo 4 • Visão geral da organização

— Mas certamente se interessou sobre o que é um DRE?

— Já estou buscando um curso...

— Sei que você é multitarefa, mas anota aí para retomarmos.

— Combinado...

— O terceiro instrumento são os demonstrativos financeiros gerenciais, pode ser o famoso "Excel" ou aquela planilha que não desapegam.

— Interessante, já vi algo nesse sentido por aqui.

— Pode ser outra oportunidade de melhoria, neste caso, recomendo soluções digitais que caibam no bolso da organização. Quanto menos planilhas, mais segura será a tomada de decisão.

— E se a empresa não tiver esses três elementos?

Ele me olha com cara de dúvida.

Percebo meu dedo na testa outra vez.

"Deixa pra lá, Edu. Foco no rapaz!"

— Se não possuir um ou outro instrumento, já será motivo para desenvolvê-los, acrescentando como oportunidades de melhorias e endereçando-os para quem de direito.

— Uau, você vê potencial em tudo?

Balanço o queixo para baixo:

— Na vida é assim também.

Eu prossigo:

— Esses são os controles básicos para gerenciar quaisquer tipos e tamanhos de organizações, desde individuais até as bilionárias.

Respiro fundo e olho para o jovem frenético com seu caderno.

"Esse vai longe, ainda bem."

Continuo:

— Outra ferramenta que precisaremos é a memória de cálculo dos indicadores de desempenho.

— O que significa isso?

— Antes de partirmos para as ações práticas, quero que veja o processo de registro e desenvolvimento dos indicadores de desempenho, que será importante na compreensão da situação atual e futura.

Ouse ter sucesso

Memória de cálculo dos indicadores de desempenho e análises							
Legenda | Status ▨ Indicador ou análise são realizados ☐ Está em desenvolvimento ■ Não existe ou gostariam de possuir							
Painéis	Processo Responsável	Indicadores e análises	St	Unidade	Observações	Melhor para	Fórmulas
Estoque	Expedição	Índice de atendimento dos prazos		%	O cumprimento dos prazos é coletado desde o ano de 2019	▲	Quantidade de pedidos dentro do prazo Quantidade total de pedidos

— Ao longo das entrevistas voltadas para o tema indicadores de desempenho e análises, Gustavo, utilize este padrão para facilitar o registro e validação com os gestores.

— Você acha que os gestores vão me permitir fazer isso?

— Claro que sim, porque todas as pessoas estarão envolvidas nesse processo.

— Tomara. Confio em você.

— Agradeço a preferência, meu jovem.

Ele ri e estica o dedo na própria testa, olhando para mim.

"Ele está me imitando???"

Pigarreio de novo e dou continuidade à minha explanação.

"Não vou perder tempo com bobagens. Mas que ele está me imitando, ah, isso está."

— O que vem agora?

— Compreenderemos que o momento financeiro da organização é tão importante quanto compreender a história. Uma empresa existe e perdura somente com bons resultados e um excelente propósito.

— É, faz sentido.

— Compreenda quais são os indicadores financeiros e de desempenho que estão evoluindo ou não, certamente ao ajustar algum processo, teremos como consequência melhorias financeiras importantes para comprovar a agregação de valor das oportunidades de melhorias que foram colocadas em prática.

— Você pode dar algum exemplo simples?

— Claro. Pense, por exemplo, nos valores gastos com um determinado

Capítulo 4 • Visão geral da organização

fornecedor. Pode ser que haja um fornecedor muito caro, ou que está havendo desperdício de valor, simplesmente porque não está sendo gerenciado.

— Como assim?

— Imagine que um novo diretor chega e pede uma análise dos fornecedores. O que deve ser feito?

— Não sei.

— Um levantamento do que e quanto é gasto por fornecedor, o quanto pode estar sendo cobrado no mercado, para sabermos se aquele fornecedor está compatível ou não.

— E daí?

— Só com esta análise podem surgir muitos fornecedores que estão cobrando caro demais ou até serviços que estão sendo feitos de forma inconveniente, pelo simples fato de não haver um controle ou acompanhamento.

— Hum.

"Ele está com cara de dúvida."

— Pensa, Gustavo. Digamos que haja um fornecedor de serviço de táxi na empresa.

— Táxi, Edu?

— Ok, Gustavo: Uber!

— Tá.

— Pode ser que os colaboradores abusem um pouquinho desse serviço. Entendeu?

— Ahhh...

"Agora ele entendeu."

— Entendi.

— Ok, continuando. Ferramentas simples como análise horizontal e vertical, dos três instrumentos financeiros que disse para você, serão úteis para compreender rapidamente a situação da empresa, olhando tanto as entradas quanto as saídas, ou seja, receitas e gastos.

— Fluxo de caixa, DRE e demonstrativos financeiros gerenciais?

— Boa, garoto!

— Verifique, se ao colocar lado a lado as linhas e/ou resultados ao longo dos meses e, quem sabe, ao longo dos anos, se estão fazendo sentido.

Ouse ter sucesso

— Sim.

— Processos comerciais melhorados certamente ajudarão a aumentar as receitas, já os demais focarão nos gastos, fazendo uma primeira correlação com o macrofluxograma, que você montou.

— Legal.

— Entenda a diferença entre gastos e investimentos para não se confundir com os indicadores.

— Qual a diferença então?

— Gastos são custos e despesas; investimento é o dinheiro aplicado na compra de algum bem. Vale consultar o contador para compreender como que se enquadra a empresa na legislação vigente.

— Ok.

— Um ponto importante para levantar é se existe e como que funciona o processo de gestão orçamentária, onde a relação de causa e efeito, entre a gestão de processos e orçamentária, é direta. Por exemplo: ao melhorar uma produtividade, certamente existirá um ganho de escala, e as margens e custos melhorarão.

— Ok.

Eu respiro fundo:

— Pronto para a próxima?

— Sempre.

— Ótimo! Acrescentando um olhar conjunto com o RH, TI e Finanças.

— Isso parece bom.

— Conectar as áreas ou departamentos transforma a empresa, a leva para outro patamar, Gustavo.

— Imagino que sim.

— Compreenda, rapaz, se a organização possui o processo de bônus por alcance de resultados, entenda como funciona, certamente precisará conciliar com o projeto, para que todos ganhem e impulsionem os resultados.

— Bônus, bônus. Por que estagiário não tem bônus?

— Logo você terá!

— Mas estagiário não tem.

— Demonstre e depois mereça.

Capítulo 4 • Visão geral da organização

Ele sorri. Prossigo:

— A equipe de RH conseguirá ajudá-lo, principalmente para compreender os critérios, regras e gatilhos utilizados neste processo de participação nos resultados.

— Tomara que sim.

— Vai, sim. E recomendo analisar quais são as ferramentas tecnológicas disponíveis, desde, como mencionado, a famosa "planilha em Excel®" até ERPs mais sofisticados. Nesse último caso, analise se existe algum módulo adormecido e que poderá ser útil para este momento de análise financeira, contábil e de participação nos resultados.

— Certo.

— Nesse ponto, tanto a equipe de TI quanto a equipe Financeira e Contábil conseguirão apoiá-lo na busca por respostas. Mas não fique frustrado caso a empresa não possua, sendo uma...

— Edu! Uma excelente oportunidade de melhoria.

— Já está captando no ar.

Levanto outra vez e dou uma volta na sala, esticando os braços para cima. O Gustavo continua anotando tudo o que passo no caderno.

— Entendi, eu vou mesmo passar de departamento em departamento. Tô gostando, Edu. Vou virar figurinha carimbada em todo lugar.

— Pois é. Ao final, desenvolva uma apresentação contendo a análise holística da organização, via macroprocessos, e financeira, onde o objetivo será validar o seu entendimento e dos demais, bem como acordar os próximos passos.

— Hu-hu.

— Fique sempre com o radar ligado nos três elementos da nossa tríade e, sentindo-se à vontade, inicie a diagramação dos pontos a serem abordados e melhorados: Pessoas, Tecnologia e Processos.

— Eu vou ficar um ano fazendo trabalhos para você?

— Para mim, não, para a empresa e para você mesmo. Você tem noção do quanto você vai se desenvolver participando de tudo isso?

— Mais do que na faculdade.

— Exatamente. A prática leva à perfeição, meu caro.

Ouse ter sucesso

— Obrigado.

— Pelo quê?

— Por me deixar participar de tudo isso.

— Você é muito bem-vindo.

Ele abaixa o queixo em agradecimento. Finalizo:

— Pacificar as expectativas e solicitar a ajuda das pessoas são alguns dos fatores críticos de quaisquer melhorias que possam fazer nos processos organizacionais.

Gustavo solta a caneta e solta um "ai" de cansado:

— Ai.

Eu olho para ele com um sorriso de canto:

— Café?

Ele dá um pulo da cadeira:

— Café!

Saímos da sala descontraídos.

A quinta-feira flui com mais análises, reflexões e revisões sobre tudo o que estamos evoluindo.

"É muita coisa para um dia só. Ainda bem que são seis meses de trabalho e que passarão muito rápido."

Capítulo 5
Compreendendo o processo atual

> **Viver no desconforto é uma das habilidades mais importantes dos profissionais em tempos digitais. Crescer dói, nada mais natural.**
>
> **Pedro Paulo Oliveira de Moraes**, COO na Virgo.inc, advisor na Predify e venture partner na Angra Partners.

É novamente terça-feira, a segunda semana, desde que iniciei o impulsionamento dos processos junto a este novo cliente.

Eu e o Gustavo estamos sentados na área do café, apreciando uma boa bebida e olhando as pessoas ao nosso redor.

— E então? Agora que já tomamos algumas xícaras de cafés juntos, me fala um pouco mais das suas experiências aqui na empresa. Por que você estava tão chateado quando te encontrei no banheiro, semana passada?

O rapaz suspira e parece tomar coragem para responder a minha pergunta:

— Processos engessados.

Ele me olha com ar preocupado. Eu o encorajo:

— E o que mais? Me conta!

— Existe uma falta de cooperação dos colegas em fazer com que os processos fluam de verdade.

Ouse ter sucesso

— Algum departamento em específico?

— Todos! Mas alguns são piores.

— Entendo. Quando uma empresa cresce rápido demais, muitas vezes não há tempo de estruturar os processos na mesma velocidade e muitos desencontros acontecem, de modo que, depois de um tempo, muitos processos ruins estão implantados, porque nem tiveram tempo de serem analisados.

— É, pode ser.

Ele fica olhando para baixo.

"Parece bem chateado!"

— O que mais? Me fala!

— As pessoas não me tratam muito bem aqui, não. Eu percebo alguns olhares, risadinhas e até já escutei comentários sobre o quanto sou ansioso e quero resolver tudo, quando sou apenas um estagiário e deveria me pôr no meu lugar.

"Nossa..."

— Gustavo, você não é ansioso. Você é uma pessoa com TDA.

Ele levanta a cabeça rapidamente na minha direção:

— TDA? O que é isso?

Ele me olha assustado e eu continuo:

— Calma, meu jovem, eu vou explicar.

— Hum.

— Eu acho que tem uma grande possibilidade de você ser um TDA, uma vez que eu sou.

— Mas o que é um TDA?

— Uma pessoa que tem Transtorno de Déficit de Atenção.

— Credo!

Eu rio.

— Sabe aquelas crianças que dão trabalho na escola por serem inquietas demais e não conseguirem se concentrar nas aulas? Já ouviu falar?

— É, sim, eu era assim mesmo. Mas não sabia que tinha um nome para isso.

— Tem, sim, porque são características importantes de se conhecer em alguém que passa por isso.

66

Capítulo 5 • Compreendendo o processo atual

— Por quê? Para tomar remédio?

— Não necessariamente, mas a partir do momento que você compreende suas características a fundo, o que você pode fazer com isso, então para de se martirizar por se sentir ansioso e usa essa ansiedade a seu favor.

Agora ele me olha entusiasmado:

— Como assim, Edu? Usar a ansiedade a meu favor?

— Pessoas com TDA tem o pensamento mais acelerado, seu cérebro está produzindo informações o tempo todo num ritmo mais acelerado do que os que não são TDA.

— Por isso a ansiedade?

— Sim.

Eu continuo:

— E por isso a dificuldade de concentração na infância, porque seu cérebro está ligado a várias coisas ao mesmo tempo e tem dificuldade de focar em uma coisa só.

— É, faz sentido.

Ele respira fundo e estrala o pescoço.

— Você é assim?

— Sim, sempre fui, mas só descobri isso já adulto.

Ele me olha de canto:

— E você acha isso bom ou ruim?

Eu estico os braços para cima e respondo sorrindo:

— Eu acho fantástico!

— Como assim fantástico? Se você sente mais ansiedade que a maioria das pessoas e tem mais dificuldade de focar em alguma coisa?

— Da mesma forma que as características de quem tem TDA podem trazer algumas dificuldades, há o outro lado: das facilidades!

— Hum? Facilidades?

Ele me olha desconfiado.

Eu entrelaço as mãos e apoio os cotovelos sobre minhas pernas, esticando o corpo para frente, mais próximo a ele.

— Siga o raciocínio. Quem tem TDA e reconhece suas características pode começar a usá-las a seu favor.

— Mas como?

Ouse ter sucesso

— Se seu cérebro produz mais informações, você também pode criar mais informações.

— Como assim? Estou ficando nervoso.

Eu rio.

— Se você encontrar um projeto que goste e focar nele, seu nível de produção deve ficar acima da média. E imagino que isso já aconteça, já que mencionou que chamaram você de ansioso e o acusaram de querer resolver os problemas da empresa, mesmo sendo só um estagiário.

Ele abaixa a cabeça por uns segundos, visivelmente chateado, e depois volta a me olhar.

Eu prossigo:

— Eu vou recomendar um livro para você, que explica muito bem o que estou dizendo.

— Sério?

— Sério! E depois que você ler, vai perceber que essas características podem ser usadas a seu favor, porque você, de certa forma, pode se tornar mais produtivo que a maioria e, se trabalhar no que gosta, desenvolve o hiperfoco.

— Hiperfoco?

— Sim. O mundo pode estar desabando a sua volta, que você continua focado no que está fazendo.

— Que demais.

— É mesmo! E você se torna mais feliz com você mesmo, quando se dá conta de que essas características são normais para o que você tem, você se conhece, se aceita, é libertador. Você vai ver!

— Obrigado!

— Estamos juntos!

Eu me levanto:

— Vamos voltar ao trabalho?

O rapaz se levanta prontamente:

— Bora, chefe!

Eu rio:

— Chefe?

— *Yes, Boss*!

Caminhamos na direção do aquário, enquanto penso com meus botões!

Capítulo 5 • Compreendendo o processo atual

Durante toda a minha vida, fui uma pessoa muito ativa. É claro que, quando era criança e adolescente, não tinha condições de perceber, que agia um pouco diferente da maioria, embora para meus pais a noção de que eu era uma criança para lá de diferenciada fosse bem perceptível.

Eu acordava às 5 da manhã para ficar andando de bicicleta no quintal de casa, não importava se estava quente, frio ou chovendo. Eu comecei a fazer judô aos quatro anos de idade e ganhei muitas medalhas nessa modalidade esportiva, só que depois perdi a motivação para continuar treinando, pois precisava de desafios ainda maiores e diferentes do que já estava fazendo, não gostava do que agora chamam de zona de conforto. Nunca gostei!

Uma pessoa que tem TDA costuma ter um cérebro mais acelerado e, por isso, tem mais pensamentos para controlar. E se não tiver noção disso, se perde na ansiedade, distração e falta de foco. Pode vir a se tornar algo muito negativo.

É muito importante que pessoas e pais com crianças que possuem essas características possam se informar a respeito. Cerca de 4% da população tem esse transtorno, o que não é necessariamente um problema e muito menos uma doença. Existem razões específicas para alguém ser um TDA, que vem de nascença. Quando há conhecimento do fato, de nossas características, tendências, pontos fracos e fortes e como funcionamos, então usamos todas as características a nosso favor.

Assim como um TDA pode ser taxado de ansioso, quando autotrabalhado, se torna um potencial criativo, artístico e profissional. Pessoas adultas que têm esse transtorno se tornam muito produtivas, rápidas e com hiperfoco, quando trabalham em algo que consideram interessante para elas.

Muitas escolas não estão, infelizmente, preparadas para trabalhar com crianças que têm esse transtorno, e por isso mesmo, professores e profissionais acabam aconselhando os pais a procurar medicação para seus filhos, o que talvez não seja realmente o melhor caminho, uma vez que as crianças em questão não estão doentes, apenas precisam de estímulos e uma dinâmica de estudo diferente da maioria.

O mesmo acontece dentro de uma empresa, quando essa organização possui jovens e adultos TDA. Essas pessoas têm de estar ativas, serem desafiadas no dia a dia, terem metas e, de preferência, um pouco de autonomia para criar e resolver problemas de sua área.

Ouse ter sucesso

Ansiedade, distração e inquietação são características normais para um TDA, que, usadas com conhecimento, se tornam qualidades como: produtividade, criatividade e capacidade para solucionar problemas.

Ser assim sempre foi algo natural para mim e, desde muito cedo, aprendi a usar essas características a meu favor e, agora, sempre que posso, identifico e aconselho pessoas TDA a olharem para si mesmas com orgulho, pois apesar de serem consideradas pessoas com um transtorno, para mim nada mais são do que grandes potenciais.

De volta ao nosso belo aquário, eu aponto a cadeira para que Gustavo se sente novamente a minha frente. Ambos estamos sentados, quando eu sugiro dar continuidade aos processos de melhoria.

— Então. Vamos fazer um breve resumo do que evoluímos até hoje?

— Partiu!

"Partiu? Ok..."

Prossigo:

— Até este momento, você... compreendeu a história da organização.

— Sim, através da leitura do site da empresa, pesquisas bibliográficas, buscas na internet em geral, artigos e conversas com pessoas que conhecem a história.

— Isso. Você também agora possui conhecimento da visão holística da jornada do cliente.

— Sim.

Ele balança a cabeça enquanto escreve o resumo no caderno.

"Ótimo!"

Eu não paro:

— Você desenvolveu e defendeu a tese de hipóteses iniciais de melhorias com uma das ferramentas que ensinei da nossa metodologia de gestão de processos.

— Certo.

— Capturou diversas oportunidades de melhoria e conseguiu analisar de forma inicial os indicadores de desempenho e momento financeiro da empresa.

— Quanta coisa, Edu...

Capítulo 5 • Compreendendo o processo atual

— Por isso, estamos repassando tudo, para que você não perca nada.

Ele aponta o dedo indicador para a testa, me imitando mais uma vez:

— Sim, senhor!

Eu rio:

— Pare de me imitar, garoto! Anota aí no caderno!

Ele escreve, balançando a cabeça para cima e para baixo.

Eu continuo:

— Você também conectou a gestão por processos com alguns subprocessos do RH, sendo: gestão do conhecimento, integração, participação nos resultados e um pouco de cargos e salários ao analisar o organograma ou o funcionograma, bem como os indicadores e jornada do cliente.

— Adoro essa parte!

— Muito bem. Até aqui já desenvolveu o cronograma do projeto.

Ele suspira:

— Ok. Confere!

— Registrou e até mesmo já executou algumas melhorias com ganhos rápidos e iniciou o preenchimento do *book* do projeto.

— Hum.

— Compreendeu de forma superficial algumas tecnologias utilizadas pela organização e, quem sabe... conseguiu algum retorno sobre o investimento realizado até o momento.

O estagiário respira fundo. Eu pergunto:

— E aí, como está se sentindo?

— De verdade?

— Claro!

— Nunca me senti tão bem trabalhando nesta empresa. E durante todo o meu tempo da faculdade, este está sendo o meu melhor momento de aprendizado.

— Fico feliz!

Percebo que estou com o dedo esticado na testa de novo, batendo algumas vezes, enquanto o Gustavo olha e ri.

"Ele está rindo do meu dedo. Até eu deveria rir, se não fosse tão automático da minha parte!"

Ouse ter sucesso

Se ele soubesse que esse gesto é uma âncora que criei como parte de um processo de *coaching*, justamente para meu controle e hiperfoco do TDA.

Rio por dentro.

— E então? O que você aprendeu até o momento? Vamos partir para uma nova fase de impulsionamento? Está preparado?

Ele se estica todo na cadeira:

— Preparadíssimo!

"Ótimo!"

Faço um gesto, para que ele continue anotando no caderno, e volto à minha explicação:

— Inicie essa nova etapa com os principais envolvidos no processo priorizado com foco de melhoria, agendando uma reunião nos postos de trabalho das pessoas com os seguintes objetivos...

— Hum.

— Anota aí!

— Tá!

— Recomendo fortemente que conheça o dia a dia da pessoa...

— Sim, isso é muito bom, envolvimento e conhecimento do que os colegas verdadeiramente fazem.

— Claro, deixamos uma visão superficial de lado, evitando até uma depreciação entre os colaboradores, já que muitas vezes acontece numa empresa de ninguém saber o que os outros fazem, e isso gera um total desconhecimento entre áreas e pessoas.

— Sim, acho que isso acontece um pouco por aqui.

Fecho os olhos por uns segundos e reflito sozinho: *infelizmente, é comum que existam áreas que não se reconhecem dentro de uma empresa.* Sim, eu usei a palavra certa: não se reconhecem!

Existem áreas em que não sabem absolutamente nada uns sobre os outros. Ou seja, se um colaborador não entende para que serve uma área, menos ainda compreenderá as funções das pessoas que lá estão.

Mas, afinal, qual a importância para um colaborador sobre o que os outros fazem?

Isso é importante, pois se trata do reconhecimento da empresa, dos colegas, dos objetivos e valores, bem como a sua missão.

Capítulo 5 • Compreendendo o processo atual

Quando um colaborador olha para todos os seus colegas e não sabe o que a maioria faz, há algo errado nesse local de trabalho. Uma empresa funciona como um corpo. Temos braços, pernas, cabeça, tronco e vários órgãos como: estômago, coração, rim etc. Se o corpo precisa de todos esses elementos para funcionar perfeitamente, o mesmo acontece com uma empresa.

Para isso, também é preciso que a conexão entre todos os elementos funcione perfeitamente. É essencial que uma área saiba o que as outras fazem, que se conheça ao menos o macroprocesso, já que é difícil entender profundamente todas as funções. Com isso, as pessoas sabem de suas capacidades, objetivos, funções e devidas responsabilidades.

Quando dentro de uma empresa existe o desconhecimento uns dos outros, como colaboradores e áreas, existe a possibilidade de se iniciar uma cultura de depreciação nesse ambiente. O que é isso? Uma pessoa que se sente sobrecarregada e não compreende o que o outro faz passa a acreditar que o outro está ali desnecessariamente, o que geralmente ocorre por falta de informação e principalmente comunicação.

Claro que, muitas vezes, a falta de empatia pode ser um fator agravante, mas, de maneira geral, é interessante que a empresa promova eventos de integração, rituais de gestão e comunicação, para que todos se conheçam. Não estamos falando aqui apenas de uma área de café, para que conversem sobre o final de semana, o que é saudável, mas o ideal é que se conheça o sistema da empresa: quem responde a quem, quem faz o que, num momento de uma determinada necessidade ou problema, a quem ou a que área eu posso recorrer? E assim por diante.

Potencializado, ainda mais, com a pandemia e digitalização dos processos organizacionais.

A cultura organizacional, a qualidade do ambiente de trabalho e a satisfação das pessoas começam pelas interações, o se conhecer e se reconhecer no outro como um igual e um colaborador, alguém com quem se possa contar.

Isso gera confiança e a certeza de um fluxo de trabalho mais leve e produtivo.

O que eu faço gera algo para alguém. E vice-versa!

Todos estão conectados de forma positiva!

Gustavo parece perceber que me ausentei por um instante e me olha com a caneta na mão e a outra mão sobre o caderno, como quem espera o próximo tópico do resumo.

Ouse ter sucesso

— Você está aí, Edu?

Prossigo:

— Você deve iniciar o mapeamento do processo atual, Gustavo. Lembra?

— Certo.

— Compreender a forma atual de utilização dos indicadores de desempenho e, principalmente, se existem. Não se surpreenda caso alguma área não possua.

— Ok!

— Bem como as tecnologias utilizadas no dia a dia e principalmente as dores que a pessoa está vivenciando.

— Tá.

Toco o caderno dele e reforço:

— Leve um caderno para a reunião ou, se tiver facilidade, o *notebook*, e registre todas as informações capturadas.

— Entendi. Exatamente como agora?

— Isso!

Ele me olha balançando a caneta na mão:

— E o que mais?

— Para uma reunião inicial, agende pelo menos duas horas com cada pessoa.

— Eles não vão achar muito, não?

— Você vai ver que não. As pessoas gostam de serem ouvidas. Elas se sentem e são importantes, quando podem expressar suas opiniões. E notará que será pouco, certamente precisará de mais alguns momentos e/ou reuniões.

— É, isso é mesmo.

— Um exemplo é você mesmo, quando eu comecei alguém o ouvia? Alguém o desafiou e apoiou para a sua evolução?

— Não, Edu...

— E agora, como está se sentindo?

— Muito empolgado e enxergando diversas possibilidades!

— Você está enxergando o copo meio cheio!

— Como assim?

— Antes o seu olhar era do copo meio vazio, ou seja, não enxergava que poderia prosperar, evoluir.

74

Capítulo 5 • Compreendendo o processo atual

— Você tem toda razão, bora pra cima!

Eu continuo:

— Reserve um momento para analisar as informações coletadas, bem como registrá-las nos padrões e/ou *softwares* a serem utilizados no projeto.

— Ok.

— Tendo em vista essa primeira reunião, você será capaz de desenvolver o fluxograma do processo *AS IS*, ou seja, a situação atual. Utilize os *softwares* recomendados para facilitar o versionamento e manutenção, sendo: Bizagi® ou Visio®.

— Legal.

"Legal?"

Balanço o pescoço para um lado e para o outro e retomo minha fala:

— Ao tocar no tema de indicadores de desempenho, preencha a memória de cálculo com cada pessoa entrevistada e notará que surgirão novos indicadores e até novas análises, não julgue neste momento, provoque ainda mais o pensamento: "Como você sabe que está indo ao encontro dos resultados almejados pela empresa?". Não esqueça!

— Sim, senhor!

— Pontue no fluxograma as tecnologias utilizadas, utilize a notação BPMN *(Business Process Model and Notation)*, é uma notação da metodologia de gestão por processos e trata-se de uma série de simbologias padrões para o desenho de processos, o que facilita o entendimento dos envolvidos.

— Ok, é a mesma que utilizei no macroprocesso!

— Exatamente!

Eu me levanto e continuo falando, dando alguns passos pelo aquário:

— Complemente o repositório de oportunidades de melhorias com as dores do dia a dia e/ou assuntos que forem surgindo na entrevista.

— Interessante, isso.

— Muito! Isso ajuda todo o seu processo, o tempo todo.

— E o que mais?

— Lembrando que a qualquer momento você poderá utilizar o método de: "Ver e agir".

— Ótimo, Edu, combinado!

— Agora, vamos para as reuniões de ponto de controle.

Ouse ter sucesso

— O que é isso?

— A equipe de projeto e principalmente o *sponsor*, apoiador ou patrocinador devem ser reportados acerca do andamento, evolução, possíveis desvios de rota, ganhos alcançados até o momento, o "Ver e Agir" que comentei, enfim, recomendo reservar uma agenda ao menos quinzenal, senão semanal, de no máximo 30 minutos, para deixar todos na mesma página.

Ele escreve no final da folha cheia de anotações e vira a página do caderno.

— Uma reunião com o *sponsor* semanal... – ele repete e me olha.

Eu entro em mais detalhes dessa parte:

— Recomendação de pauta de reunião, presta atenção e anota aí!

Ele me olha em silêncio, e eu continuo:

— Objetivo: acompanhamento da evolução do projeto de impulsão da organização, o nome que você adotou para o projeto.

— Tá...

— Participantes: equipe envolvida com o projeto. Ao menos: *sponsor*, RH, TI e gestores dos processos priorizados.

— Ok.

— Duração: 30 minutos. Frequência: semanal.

— Certo!

— Assuntos abordados, Gustavo: ganhos quanti e qualitativos; evolução do cronograma do projeto; o que foi feito, o que está sendo feito e o que será feito; tomada de decisão e/ou ajustes no projeto, se forem necessários; considerações finais.

— Nossa, Edu, você pensa em tudo nos mínimos detalhes.

Quando vejo, já estou com o dedo indicador na testa de novo, em movimento:

— Use seu potencial de TDA a seu favor, meu caro Gustavo!

Ele bate o dedo na testa e responde:

— Sim, senhor, Senhor TDA.

Eu rio, mas não perco o foco.

— Agora, vamos para a parte de conhecer o dia a dia de cada pessoa envolvida com o processo. A principal dúvida que encontro nas organizações é: "Quem devo convidar para participar?".

— Boa pergunta!

Capítulo 5 • Compreendendo o processo atual

— Em alguns processos, existe um número grande de pessoas participando, portanto, solicite ajuda ao gestor e/ou *sponsor*, para escolher as pessoas que realmente apoiarão e farão parte da solução.

— Isso faz sentido, levando em conta um bom gestor, que conhece a equipe.

— Sim. E evite pessoas pessimistas ou que somente criticam e não conseguem pensar fora da caixa, esse perfil vai travar o impulsionamento.

— Posso grifar essa parte?

Eu rio.

— Pode, mas aposto que você não precisa.

Ele ri e eu sigo no hiperfoco:

— Antes de iniciar a conversa, agradeça o tempo e espaço na agenda, e se você pesquisou no LinkedIn® algo sobre a pessoa, aproveite e pergunte sobre algum tema que tenha conexão com o projeto ou até mesmo em comum contigo, para obter o *rapport* ou empatia.

— Legal essa parte do LinkedIn, eu já utilizei no início e posso resgatar muita informação.

— Claro, mostra que você está interessado, fez a lição de casa e surpreende por estar à frente do esperado.

— Que massa!

— Massa?

Volto ao meu raciocínio:

— Desenvolva um ambiente seguro para que a pessoa diga o mais próximo do que realmente acontece no dia a dia. O objetivo é capturar o ponto de vista e opiniões do entrevistado.

— Legal!

Vejo que ele tem uma boa caligrafia, mesmo escrevendo tanto em seu caderno. Continuo dando alguns passos no aquário e me sento novamente na minha cadeira:

— Não julgue, apenas registre.

— Quem sou eu para julgar, Edu? Um simples estagiário.

— Um estagiário que tem visão holística e um alto potencial de desenvolvimento, não se esqueça.

— Obrigado!

Ouse ter sucesso

Dou aquela estalada nos dedos e prossigo:

— Solicite para a pessoa descrever o dia a dia dela, e anote cada passo, possuindo dúvida ou se não tiver lógica na continuidade, pergunte: "Deixe me ver se compreendi?".

— *Rapport.*

— Isso. Conecte o dia a dia com o processo, atentando-se às áreas e pessoas que o entrevistado possui interação. Acrescente nas raias do fluxograma as funções ou cargos das pessoas e não os nomes.

— Por quê?

— Porque elas mudam! São promovidas, alternam de áreas ou até mesmo saem da empresa.

— Hum.

— Organize as suas anotações, para que facilite o desenvolvimento do fluxograma inicial do processo, sendo a versão 1.0 para validar na sequência.

— Certo. E depois?

— Você vai notar que, durante a compreensão do dia a dia da pessoa, surgirão oportunidades de melhoria, anote e preencha o modelo que compartilhei contigo.

— Tá, mas eu tenho uma pergunta.

— Diga.

— Como cada pessoa utiliza os indicadores de desempenho?

— Compreenda como a pessoa entrevistada utiliza ou não indicadores de desempenho no dia a dia. Questione quais são os indicadores e possíveis análises que a pessoa utiliza no dia a dia, independentemente se for algo com frequência diária, semanal, quinzenal etc. Para que consiga preencher a memória de cálculo.

— Existe uma pergunta matadora: "Como que você sabe que está entregando resultados para a sua área ou para a empresa?".

Ele escreve de novo numa nova folha do caderno.

"Bom garoto!"

Prossigo:

— Compreenda se existe uma metodologia ou forma de definição de metas ou gestão orçamentária que direcione o desempenho da organização, equipes e indivíduos.

Capítulo 5 • Compreendendo o processo atual

— Ok.

— Aproveite e verifique se utilizam algum *software* de acompanhamento de indicadores de desempenho e planos de ações, como por exemplo: OKR, PowerBI®, MSProject®, Trello®, Tableau®, entre outros.

— Espera aí, Edu, não conheço todos esses nomes.

— Está aí uma boa oportunidade para elevar a sua régua de conhecimento!

Eu aguardo Gustavo escrever, calmamente, enquanto dou sequência às minhas explicações:

— Você vai notar também que, em todos os momentos de interação com as equipes, podem surgir oportunidades de melhoria, fazendo perguntas contextualizadas com o momento da conversa, como por exemplo: "O que mais te incomoda na situação...?", "Você se sente sufocado com esta situação? Existiria uma outra forma de fazê-la?".

— Legais essas perguntas, Edu. Gostei!

— Ótimo! E se sim, peça para não tentar melhorar neste exato momento determinada situação, quando fazemos esses tipos de perguntas às pessoas, tendem a querer mudar na hora, no entanto, se não analisarmos o todo, uma mudança pode ser prejudicial para outras partes dos processos, apenas registre as possíveis melhorias.

— Vai que tem mais um TDA na empresa que quer fazer tudo correndo.

Damos uma boa gargalhada juntos.

Não me contenho:

— Se houver outro TDA, vamos montar um clube e fazer reuniões semanais sobre o desempenho dos TDAs na empresa!

— Devo anotar isso também?

— Não.

— Via de regra, as pessoas não possuem a visão do todo da empresa, portanto, precisamos tomar muito cuidado com essas perguntas que são poderosas. E sempre alertá-las para não executar melhorias pontuais, mas sim orquestradas com outros colegas e, certamente, outras áreas.

— É, faz sentido.

— Sendo este um dos seus papéis, como orquestrador do impulsionamento da organização: analisar as partes e ser guardião do todo.

— Eu, guardião de alguma coisa... – ele ri enquanto escreve.

— Próximo passo: como a tecnologia apoia no dia a dia.

Ouse ter sucesso

Ele me olha sério.

— Ao analisar esse tema junto com o entrevistado, compreenda além dos *softwares* triviais, investigando se utilizam algum legado, ou seja, que não é utilizado por todos. De repente, será uma excelente oportunidade de melhoria para institucionalizá-lo e/ou torná-lo oficial.

— É, já vi isso acontecer por aqui.

— Ótimo, agora vai ter a oportunidade de registrar o fato oficialmente. Verifique qual ERP e módulos que a pessoa utiliza. Não utiliza ERP na organização? Não se preocupe, passe para as análises a seguir: analise quais são os *softwares* utilizados no dia a dia como: CRM, Pacote Office, Soluções Web etc. Descreva qual é o objetivo de utilização de cada um.

— Inclusive, você deve utilizar o *book* do projeto como repositório dessas informações, bem como o fluxograma de processos, combinado?

— Certo.

— Verifique se esses *softwares* possuem integração entre si. Se sim, verifique se é necessária a intervenção humana, como por exemplo baixar um arquivo e depois ter que subir manualmente com algum tratamento. Se não, verifique por quê.

— Ok.

— Aproveite e pergunte o que incomoda a pessoa ao utilizar diversas tecnologias, se existe algo que acredita que poderia melhorar e registre no modelo de oportunidades de melhorias.

— Acho difícil alguém reclamar de tecnologia.

— Reclamam, sim, principalmente pessoas com mais idade ou que não têm familiaridade com o assunto.

— É, meu avô vive reclamando mesmo.

— E isso acontece dentro do ambiente de trabalho também. E muito. É preciso identificar essas pessoas, para trabalhar com elas um treinamento mais direcionado. Notará que diversas pessoas possuem literalmente medo e vergonha de buscar ajuda, imaginando que podem ser demitidas por expor uma fraqueza. Por isso que contamos com a ajuda do RH para impulsionar o conhecimento e a habilidade das pessoas. E, pelo contrário, se continuarem paradas no tempo, as demais evoluirão e certamente o inevitável acontecerá.

— Hum.

Capítulo 5 • Compreendendo o processo atual

— Depois, compreenda se existe algo que ajude ou não na produtividade da pessoa, e se essa pessoa conhece como medir tal produtividade, seja na entrega em determinado prazo, fazer mais com menos ou utilizar determinada tecnologia a seu favor.

— Entendi.

— Neste tema, geralmente, as pessoas possuem alguma planilha, respostas de *e-mails*, apresentações, que devem tomar um belo tempo para serem preenchidas ou desenvolvidas, capture essa possível melhoria, será importante para aumentar a produtividade utilizando tecnologias existentes.

— Tá.

— Outro ponto importante é compreender se utilizam algo impresso, papel, formulários, analisando por que precisam, quem sabe é uma oportunidade de melhoria.

— Papel? — ele ri.

Eu me estico um pouco para os lados, para evitar dores nas costas. E prossigo:

— Pois é. Outra dica muito importante é: não leve neste primeiro contato o pessoal de tecnologia. Alguns perfis podem inibir o entrevistado, alinhe os passos com a equipe de tecnologia depois que consolidar todas as informações.

— Verdade...

— Lembrando que ao identificar alguma oportunidade de melhoria como falha de segurança, possibilidade de invasão, dentre outros casos graves, você deve alertar no mesmo momento a equipe de tecnologia.

— Ver e agir, não é mesmo?

— Ótimo!

Ele vira de novo o caderno, já com as páginas cheias de anotações.

Eu respiro fundo e continuo.

"Temos que otimizar o dia de hoje para que o resultado seja o melhor possível, tanto para a empresa quanto para o Gustavo."

— Agora, como compreender as dores do dia a dia!

— Diga lá!

Ele me olha, batendo o dedo na testa.

"Eu até comentaria algo, mas não quero perder o foco."

Rio apenas por dentro e sigo:

Ouse ter sucesso

— Você irá notar que, ao longo de toda a entrevista, algumas dicas e sacadas surgirão, registre todas elas no arquivo de Oportunidade de Melhorias. Ao contabilizar e analisar, ao final desse processo você se surpreenderá com a quantidade de possibilidades que foram geradas.

— Tem um momento certo de compreender as dores das pessoas, Edu?

— Não, não existe um momento específico para compreender as dores das pessoas. Poderão ser coletadas ao longo de quaisquer interações, no entanto, como é algo muito importante compreendermos o que as pessoas estão sentindo, devemos ter sempre o radar ligado.

— É...

— Algumas pessoas dizem que está tudo certo e nada precisa melhorar, neste momento, fique atento se a pessoa está acomodada, se possui algum receio, medo de falar, não force a barra, deixe fluir.

— Sempre tem gente assim.

— Sim, faz parte. Existem diversos perfis e ao longo do tempo você adquirirá, além de quilômetros rodados, essa percepção da melhor forma de se conectar com as pessoas.

— Mas você pode utilizar algumas perguntas que levem essas pessoas a uma reflexão, como por exemplo: "Se tivéssemos recursos infinitos, o que você mudaria na nossa empresa? Me diga ao menos três desejos".

— Eu serei o gênio da lâmpada agora?

O garoto ri da própria piada.

— Só precisamos decidir em que lâmpada você vai ficar, Gustavo.

Olho para ele e faço menção de continuar registrando o que eu falo:

— Se você fosse o fundador da empresa, o que você faria de diferente?

— Isso realmente vai motivar as pessoas a pensarem e a participarem, é *top*.

— É sim. E essa é a ideia. Certamente existem perfis dos mais variados dentro das organizações e você vai encontrar aquele que reclama de praticamente tudo.

— E daí? O que eu faço?

— Pergunte:"Com que grau determinada situação aconteceu nas últimas semanas?". Esta pergunta é excepcional para evitar discussões que não levarão a lugar algum. Podendo inclusive gerar um mal-estar sem necessidade.

— Hum.

Capítulo 5 • Compreendendo o processo atual

— Mesmo acontecendo com pouca frequência, pode ter um impacto razoavelmente grande, compreenda este ponto, qual foi ou seria a extensão?

— Tá.

— Por outro lado, ao abrir um canal desse com as pessoas, pode ser que seja a oportunidade que estavam precisando para desabafar com alguém, e nesse desabafo compreenda como poderiam melhorar juntos determinados pontos.

— Eu vou adorar fazer isso. Quem dera alguém tivesse me feito esse tipo de pergunta logo que entrei aqui. Ter a oportunidade de falar, e saber que tem alguém interessado em ouvir minhas percepções, teria sido um alívio.

— Não somente ouvir, mas possuir embasamento metodológico para evoluir. Se aproxime do entrevistado, no sentido dessa pessoa fazer parte da solução.

— Claro.

— Caso sinta a necessidade de um profissional mais preparado para lidar com situações pessoais, solicite o apoio do Recursos Humanos da empresa, certamente poderão endereçar da melhor forma e até indicar um profissional terceirizado, como *coach* ou psicólogo, dependendo de cada caso.

— Você acha que pode chegar a esse ponto?

Balanço a cabeça em sinal de positivo, lembrando de outros casos que vi em outras empresas. Mas apenas prossigo, não pretendo citar outros exemplos agora:

— Ao final de cada entrevista, deixe combinado quando enviará os documentos atualizados ou os deixará disponibilizados em algum *software* de gestão de documentos, geralmente conhecidos como GED - Gestão Eletrônica de Documentos, atualmente utilizamos o sharepoint® da Microsoft®. Também existem outras soluções no mercado, para isso, envolva a equipe de Tecnologia da Informação - TI. Além disso, deixe um prazo para a pessoa validar os documentos e um canal aberto para, quem sabe, lembrar de algo que não tenha sido dito.

Olho para o estagiário, novamente com a página cheia de anotações.

— Decorou tudo?

— Claro que não!

— Como assim, claro que não?

Bato a mão em seu ombro:

Ouse ter sucesso

— Vamos fazer uma pequena pausa, enquanto vou dar uma palavrinha com outra pessoa lá fora.

Ele respira fundo e estica os braços para cima:

— Posso ir ao banheiro?

— Não.

— Não? – ele quase grita, acreditando em mim.

Eu rio:

— Claro que sim!

Saímos do aquário, cada um para uma direção.

Eu volto para o aquário, após uma breve conversa com uma pessoa do RH. Gustavo também já está de volta.

— E aí? Tudo bem?

Ele olha no relógio.

— Não muito.

— Por quê?

— Eu não queria ir embora.

— Só um TDA mesmo para ficar triste na hora de ir embora do trabalho.

Ele me olha firme nos olhos:

— Eu nunca tive um dia tão bom na empresa.

— Então, pronto! Por que está chateado? Começamos na quinta bem cedo de novo.

Ele dá um pulo:

— Sério? Eu vou acompanhar você sempre, toda terça e quinta?

— Ué, esqueceu?

— Obrigado!

— Bora pra cima!

O garoto arruma suas coisas e sai correndo para a faculdade.

Eu suspiro e continuo trabalhando.

Capítulo 6
Consolidação do conhecimento

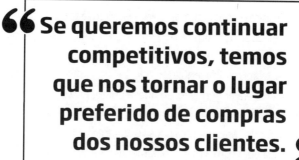

> **Se queremos continuar competitivos, temos que nos tornar o lugar preferido de compras dos nossos clientes.**
>
> **Renato Caiado Sitnik**, diretor presidente na Caiado Pneus.

Quinta-feira.

Acabo de chegar à empresa. Olho no relógio e vejo que ainda são 7h45.

"Eu e essa minha mania de ser adiantado. Como sofro um TDA, meu Deus."

Sigo para o mesmo aquário de ontem, que ficou reservado para nós.

Dou alguns passos e rio. O Gustavo já está lá dentro.

Falo sozinho:

— Outro TDA adiantado.

Abro a porta:

— Bom dia, senhor estagiário! Já imaginava que estaria por aqui.

Ele olha no relógio e responde:

— Imaginei o mesmo, senhor!

"Senhor, eu? Mas eu sou jovem ainda!"

Coloco minhas coisas sobre a mesa e me ajeito na cadeira.

Ouse ter sucesso

— O que vamos fazer hoje?

— Muito.

— Muito? Só isso?

— Você nem imagina o quanto esse muito é muito.

Rimos um do outro e eu sigo ligando o *notebook*. O rapaz pega o caderno, posiciona na próxima página em branco e coloca umas canetas ao seu lado.

"Muito bem, meu jovem."

Suspiro e sinto algumas memórias virem à tona:

— Sabe? Teve um tempo em que eu seguia um colega do meu pai na empresa em que ele trabalhava.

— Como assim, seguia?

— Ele era engenheiro, eu queria entender o que era engenharia e se isso poderia ser uma profissão para mim, no futuro.

— Sério? Mas quantos anos você tinha?

Gesticulo com a mão rapidamente para cima:

— Ah, eu era um moleque ainda.

Olho para cima:

— Bem atrevido e ousado, provavelmente.

— Mas o que você fazia?

— Eu participava das reuniões dele e prestava atenção no que ele fazia, no que ele falava, essas coisas.

— Nossa, é sério isso?

Balanço a cabeça:

— Sim. E você não faz ideia do contentamento que eu sentia nesses momentos. E isso me influenciou na decisão de prestar o vestibular para engenharia.

Gustavo respira e solta:

— Acho que você está sendo aquele engenheiro na minha vida agora, Edu.

"Uau!"

— É a vida. Agradeço a Deus todos os dias e devemos retribuir tudo o que Ele nos faz de bom.

O estagiário sorri e pega uma das canetas na mão:

— Por favor, senhor engenheiro, siga com suas explicações do dia!

— Preparado, rapaz?

Capítulo 6 • Consolidação do conhecimento

— Preparadíssimo!

"Ótimo!"

— Certamente, nesse ponto do projeto, você já terá coletado diversos dados e informações, bem como utilizado os modelos recomendados.

— Sim, Edu, já recebi aqui alguns *e-mails* de colegas, respondendo as minhas questões de ontem.

— Você enviou *e-mails* para os colegas conforme combinamos?

— Claro. Estou super empolgado para alcançar melhorias e resultados!

— Pois é, né? Viu como utilizar o foco e disciplina tem suas vantagens?

Ele balança o pescoço para baixo e para cima.

— Ok, meu jovem. Vamos revisitar os nossos pontos. Veja a sequência que sigo e que está correlacionada com o cronograma das atividades.

Ele se balança na cadeira e aponta a caneta no caderno, pronto para fazer suas anotações.

Eu sigo:

— Primeiro: compreenda o funcionograma ou organograma.

Ele escreve.

— Após conhecer diversas pessoas, Gustavo, nós conseguimos correlacioná-las com o organograma da empresa. Com isso, recomendo coordenar uma reunião com a responsável pelo RH e validar os entendimentos.

— Que entendimentos?

— Se existem sobreposições de funções; se cargos diferentes fazem a mesma atividade, se os mesmos cargos fazem atividades diferentes, dentre outras observações e questionamentos pertinentes.

— Interessante. É comum acontecer isso?

— Muito. E validar os nomes dos cargos e/ou funções certamente facilitará no desenvolvimento dos fluxogramas dos processos; veja se existem lacunas no processo, ou seja, se precisamos de pessoas para determinadas atividades chaves. E encontro regularmente que atividades chaves são executadas por somente uma única pessoa, e essa pessoa, ao sair de férias, acaba paralisando todo um processo e até mesmo a empresa.

— Ok, senhor.

Ele estica o dedo indicador dele e fica batendo na testa.

"Eu não acredito..., me imitando, na cara dura."

Melhor continuar.

87

Ouse ter sucesso

— Aprenda a identificar as pessoas e atividades chaves dos processos. Você notará que facilitará no desenvolvimento de procedimentos e/ou instruções de trabalho, conectando assim com o processo de gestão de conhecimento.

Ele anota no caderno e me olha:

— O que mais?

— Aproveite este momento para revisitar o macrofluxograma do processo. Analise se existe a necessidade de atualizá-lo e/ou identificar melhorias.

— Ok.

Ele para após escrever e fica me olhando, mudo, aguardando minha argumentação. Então eu prossigo:

— E verifique se é necessário completar algo na Memória de Cálculo!

— Hum. Memória de Cálculo – ele fala pausadamente, imitando meu modo de falar.

Pigarreio um pouco e prossigo:

— Ao compreender como a empresa está organizada, o próximo passo é analisar se os objetivos e indicadores de desempenho estão alinhados. Revisite o arquivo que você preencheu junto com o gestor do processo e o responsável pelo RH, se atentando a alguns pontos...

Ele escreve correndo e volta a me olhar. Eu explico:

— Possuímos os indicadores de desempenho suficientes para demonstrar os resultados dos processos?

— Possuímos?

— Os desdobramentos e análises que possuímos atualmente são suficientes para que consigamos extrair informações e transformá-las em resultados?

— Veremos...

— Os responsáveis pelos indicadores de desempenho realmente conseguem atuar no sentido de melhorar aquele número, ou seja, possuem autoridade para isso.

— Sério, Edu?

— Claro! Essa é uma discussão importante para que os painéis de gestão possam estar alinhados com as responsabilidades dos gestores em cada processo organizacional.

— Tá! E o que mais?

— Você precisará ajudá-los no desenvolvimento dos painéis de gestão!

Capítulo 6 • Consolidação do conhecimento

— Hum. De-sen-vol-ven-do pai-néis de ges-tão – ele aponta o dedo para a testa outra vez. E me olha de canto e ri.

"Deixa Gustavo comigo... vamos ver se ele realmente está prestando atenção."

— A partir do preenchimento da Memória de Cálculo e validação com os envolvidos, partiremos para o desenvolvimento da primeira versão do painel de gestão por indicadores de desempenho.

— Painel?

Eu me levanto e dou uns passos no aquário, sempre olhando para o rapaz, para me certificar de que ele está conseguindo acompanhar minhas explicações e está fazendo suas anotações. Continuo:

— Esse painel pode ser desenvolvido tanto em Excel quanto em PowerBI®, ou quaisquer outras soluções disponíveis no mercado. Recomendo expor os dados atuais de cada indicador para refletir a situação atual dos processos, sendo o nosso ponto de partida.

— E se eles não tiverem todos esses dados?

— Mesmo que não possuam todos os dados e/ou indicadores de desempenho, faça a primeira versão, inicie o acompanhamento e coleta de novos indicadores.

— Como é que eu faço essa parte?

— Inicie, mesmo que em papel de pão, mas faça!

O garoto ri:

— Papel de pão? Em que década você nasceu mesmo?

Ele segura a barriga de tanto rir. Eu me sento:

— Olha o respeito, rapaz!

Ele se estica na cadeira e para de rir, mas ainda segura um sorriso debochado no rosto. Eu sigo:

— Se conseguir coletar mais do que um ano de histórico, já facilitará a análise comparativa.

— Ok.

— Caso não tenha os dados, o objetivo é estruturar a coleta, acrescentando como uma oportunidade de melhoria, bem como desenvolvendo um plano de ação com os passos necessários, pessoas envolvidas e prazos.

— Mas por que tudo isso? De verdade?

— O objetivo é iniciar a cultura voltada para dados, atualmente denomi-

Ouse ter sucesso

nada de *data informed*. Essa cultura ajudará os gestores na tomada de decisão baseada em dados, informações e conhecimento.

— É..., é como um banco de dados para consultas e análises, facilitando a tomada de decisão e, quem sabe, compreender se existem oportunidades de melhoria e, quem sabe, enxergar potencialidades futuras?

— Ótimo, Gustavo. Os indicadores de desempenho e planos de ações são acompanhados para compreender os efeitos nos resultados, portanto, precisamos ter os painéis desenvolvidos mesmo que parcialmente, para que na primeira reunião de resultados consigamos comprovar a agregação de valor da implementação do nosso projeto de impulsionamento organizacional.

— Legal!

— E tem mais! Finalizou um determinado material? Valide com a equipe envolvida, antes de submeter ao gestor imediato, independentemente do cargo.

— Certo, senhor!

— Valide primeiro com quem você desenvolveu o material e depois com o superior hierárquico da pessoa. Certamente você terá um aliado, nunca faça o contrário!

Ele suspira:

— Sim, respeitando a hierarquia.

Balanço a cabeça em sinal de concordância e prossigo:

— Compreenda o ponto de partida de cada indicador de desempenho, facilitará a sua análise do que realmente melhorou no processo. Ou seja, a comparação do antes e depois.

— Ok.

Ele segue anotando já em uma nova página do caderno. Sigo nas minhas explicações:

— Caso a empresa não utilize a gestão por indicadores de desempenho, ao preencher a memória de cálculo, compreenda o que estaria faltando para que os processos possam ser mensurados.

— E como eu registro esses indicadores?

— Existem diversas formas de estabelecer indicadores de desempenho e metas, as mais utilizadas são o GPD (Gerenciamento Pelas Diretrizes), OKR (Objectives and Key Results), SMART (Specific, Measurable, Achievable, Realistic, Timely).

— Não conheço tudo isso.

Capítulo 6 • Consolidação do conhecimento

— Recomendo fortemente que as conheça. Geralmente as pessoas que operacionalizam, que estão no dia a dia, possuem sacadas interessantes, no entanto, nunca foram desafiadas e/ou provocadas para pensar diferente. Ajude-as a buscar as melhorias nos indicadores de desempenho.

— Tá certo...

— O seu papel é fazer as perguntas certas e estruturar o raciocínio para a busca constante pela excelência.

— As perguntas certas? – ele pergunta, apontando o dedo para a testa.

Eu aponto o dedo para a testa e respondo:

— Sim, jovem, as perguntas certas!

Ele ri e tira o dedo da testa.

— Sim. Foque nos indicadores de desempenho essenciais. Da mesma forma, as análises e desdobramentos, até mesmo para que os gestores e equipes possuam foco no resultado. Note que algumas empresas tentam adotar muitos indicadores, e acaba que os gestores e equipes não conseguem nem sequer utilizá-los, cuidado com isso!

— Ok!

Ele grifa o ponto que mandei tomar cuidado com uma marca texto amarela fosforescente.

"Muito bom!"

— Não se preocupe em desenvolver o "ótimo" nesse primeiro momento, faça o "bom", desenvolva a versão 1.0 para que possa ir evoluindo ao longo do tempo, caso contrário ficará "patinando" e não demonstrará os resultados.

— Você tem algum painel como exemplo?

— Visite a página da *Exection*, www.exection.com.br, e você vai encontrar diversos exemplos de painéis de gestão para inspirá-lo.

— Chique... – ele brinca.

Balanço a cabeça para os dois lados para relaxar o ombro.

Desenvolvendo ações para impulsionar os resultados

— Vamos falar agora sobre as "Oportunidades de Melhorias e Planos de Ações".

— O-por-tu-ni-da-des de Me-lho-rias e Pla-nos de A-ções.

— Nada melhor do que transformar oportunidades em resultados, não é mesmo? Agora é o momento, Gustavo! Revisite todos os meios que utilizou

Ouse ter sucesso

para seus registros, desde as anotações nesse seu caderno, *e-mails* enviados, recebidos, até o próprio arquivo que disponibilizei para você utilizar.

— Hum. Certo.

— Analise se estão descrevendo da forma mais clara possível as oportunidades, ou seja, se alguém que não está envolvido com o processo conseguiria entender essas oportunidades.

— Entendi.

— Caso não tenha validado ao longo das entrevistas ou momentos que esteve com os gestores e/ou equipe, faça essa validação antes da priorização, será importante ter a compreensão total.

— Deus me livre não envolver os gestores. Eles me matam.

Eu rio e dou sequência.

"Foco, Edu. Foco!"

— Devemos ter em mente que nem todas as oportunidades serão executadas, portanto, precisamos priorizá-las.

— Faz sentido, não dá para executar todas as ideias, temos que escolher as que fizerem mais sentido.

— Sim. A priorização deve acontecer junto com a equipe para obter o comprometimento e engajamento de todos.

— Hu-hu.

— Lembro de uma frase que li em uma parede de um dos meus clientes: "70% de consenso e 100% de empenho na execução", ou seja, não espere 100% de consenso, mas a partir do momento em que estiver priorizado, busque os resultados.

— Gostei disso.

— Nada deve ser surpresa para as pessoas envolvidas, pode ser que seja para um ou outro gestor, mas não para as pessoas envolvidas.

— Sim, porque se for, seria um motivo para desistirem ou não se engajarem.

— Isso. Geralmente utilizamos duas variáveis para iniciar o processo de priorização.

— Quais variáveis?

— Benefício: com cinco alternativas para o responsável escolher: baixíssimo, baixo, médio, alto e muito alto.

— Uau!

— Quanto maior o benefício, maior será a nota atribuída. Para cada escolha, atribuímos uma nota de 1 a 5.

Capítulo 6 • Consolidação do conhecimento

— Ok.

— Complexidade: da mesma forma, com cinco alternativas para o responsável escolher: baixíssimo, baixo, médio, alto e muito alto.

— Certo.

— No entanto, é inversamente proporcional ao benefício, quanto menor a complexidade, maior será a nota atribuída. O objetivo será cruzar essas duas variáveis para que possamos analisar as oportunidades com maior benefício e menor complexidade.

— Minha nossa.

— Preste atenção! Você identificará os ganhos rápidos, *quick wins*: benefício alto e complexidade baixa.

— Tá...

— Quando o benefício for baixo e a complexidade baixa, vamos fazer o famoso "tirar da frente", mas fazer.

— Ok.

— Quando o benefício for alto e a complexidade alta, precisamos analisar o retorno.

— Jesus Amado... – ele solta e continua anotando, enquanto eu sigo meu raciocínio.

— Agora, quando o benefício for baixo e a complexidade alta, desconsidere, não é o momento.

— Tá difícil, Edu!

— Tá nada, olha aqui na tela do meu computador:

PAINEL DE OPORTUNIDADES DE MELHORIAS

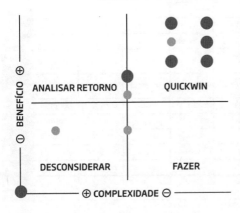

◉	Tecnologia	25
◉	Estrutural	23
◉	Processo	45
◉	-	-
◉	-	-
◉	-	-
◉	-	-
◉	-	-
◉	-	-

Ouse ter sucesso

— Hum.

— Nesse exemplo, possuímos forte concentração das Oportunidades de Melhorias no quadrante de Ganhos Rápidos, o que será excelente para a organização em termos de resultados.

— Tá.

— Agora, tão importante quanto priorizar é colocar em prática. Todas as oportunidades priorizadas devem ser transportadas e desdobradas em ações, com responsáveis e prazos.

— Entendi.

— Não economize ações ou tente atalhos nesta etapa de planejamento, certamente no curto espaço de tempo notará que, se negligenciar esse passo, você perderá muito mais tempo.

— E como eu faço para não errar?

— Invista em desdobrar em ações para solucionar e/ou capturar aquela oportunidade de melhoria. Você vai notar que as ações envolverão pessoas de outras áreas, de outros processos, para que realmente solucione algo.

— Tá.

— Com isso, envolva as pessoas no desdobramento e principalmente no alinhamento de prazos de entregas.

— Hum.

— Você vai conseguir enxergar possíveis sobreposições de datas e precisará encadear para que não se frustre na entrega final. Olhe esta tela agora:

1.3	Desenvolver solução em Access e criar um banco de dados para extrair informações	Em andamento	Gestor Responsável	01/02/2021	13/04/2021	17%
1.3.1	Desenvolver tabelas de correlação	Concluído	Pessoa 1	01/02/2021	06/02/2021	100%
1.3.2	Transpor layout de formulário padrão	Concluído	Pessoa 1	07/02/2021	12/02/2021	100%
1.3.3	Definir relacionamentos entre as tabelas	Não iniciado	Pessoa 1	13/02/2021	18/02/2021	0%
1.3.4	Desenvolver entrada de dados	Não iniciado	Pessoa 1	19/02/2021	24/02/2021	0%
1.3.5	Criar banco de dados para armazenamento de informações	Não iniciado	Pessoa 1	25/02/2021	02/03/2021	0%
1.3.6	Conectar formulário com o banco de dados no formato OCDB	Não iniciado	Pessoa 1	03/03/2021	08/03/2021	0%
1.3.7	Testar formulário	Não iniciado	Pessoa 1	09/03/2021	14/03/2021	0%
1.3.8	Disponibilizar arquivo em uma pasta do servidor	Não iniciado	Pessoa 2	15/03/2021	20/03/2021	0%
1.3.9	Desenvolver função em SQL	Não iniciado	Pessoa 2	21/03/2021	26/03/2021	0%
1.3.10	Conectar o banco de dados com Power BI	Não iniciado	Pessoa 1	27/03/2021	01/04/2021	0%
1.3.11	Desenvolver material de treinamento	Não iniciado	Pessoa 3	02/04/2021	07/04/2021	0%
1.3.12	Treinar os colaboradores na utilização do novo processo	Não iniciado	Pessoa 1	08/04/2021	13/04/2021	0%

Capítulo 6 • Consolidação do conhecimento

— O código 1.3 utilizado na figura significa que foi uma Oportunidade de Melhoria priorizada, está destacada em azul, resultando em diversas ações envolvendo três pessoas, que não necessariamente são da mesma área.

— Nossa.

— O gestor será o responsável, não significa que fará sozinho, note que ao lado da oportunidade de melhoria existe um nome, você precisará da ajuda do gestor para acompanhar e apoiar todas as ações de melhoria.

— E você acha que ele vai me ajudar?

— Lógico que vai, é intenção dele melhorar os processos, e fica aliviado de ter ajuda, percebendo que existe uma metodologia e principalmente alguém focado nesse assunto, que, nesse caso, será você!

— E você – ele me olha, apontando o dedo para a testa e tirando rapidamente, em seguida.

Eu rio e sigo adiante:

— Alinhe com os envolvidos a data de início e fim, geralmente as pessoas enxergam somente a data de finalização, e por incrível que pareça, essa será a data que iniciarão as ações e não entregarão com a qualidade que exigirá.

— Ok.

— Utilize este modelo da tela ou *software* de gestão de projetos nas reuniões de ponto de controle, não precisa criar ou desenvolver apresentações, lembre-se, foco na produtividade e resultado.

— Tá.

Enxergando o processo através de fluxograma

— Próximo ponto!

Ele me olha sério. Então eu continuo:

— Fluxograma do processo atual | *AS IS*.

— Hum.

— Agora você precisará tangibilizar todo o conhecimento adquirido, transportando-o para um fluxograma do processo.

— Tangibilizar? Socorro.

Eu solto uma risada alta.

— E o fluxograma?

Ouse ter sucesso

Balanço a cabeça e sigo:

— Calma, meu jovem. Nesse futuro mapa do processo, você conseguirá enxergar o todo, possuirá a visão holística do processo.

— O que eu vou usar?

— Geralmente utilizamos o Bizagi® para o mapeamento, uma vez que é uma ferramenta com diversos recursos gratuitos, e qualquer pessoa da organização poderá acessá-la.

— Algo mais, senhor?

"Não acredito. Eu sou jovem ainda."

Decido não responder à provocação e foco no meu raciocínio:

— Existe uma comunidade de estudos da notação BPM. Olhe este link que vou mandar no seu WhatsApp:

O telefone dele vibra e ele checa:

[09:45] Edu: https://www.abpmp-br.org/

Ele me mostra a tela e eu não perco o embalo:

— Durante a elaboração do fluxograma do processo, analise o encadeamento das atividades e valide com as pessoas que executam no dia a dia.

— Certo.

— Inicie o fluxograma do processo da esquerda para a direita e desenhe de forma fluida. Cuidado para não cruzar as linhas, isso fará com que o entendimento fique comprometido.

— Ai, meu Deus...

Eu rio. Gustavo passa a mão na testa com os olhos fixos no caderno.

Por dentro eu rio. Mas como um bom TDA, eu simplesmente continuo:

— Acompanhe as pessoas no dia a dia para confrontar o que está no fluxograma com o que realmente fazem.

— Hum.

— Utilize um nível de detalhamento que consiga compreender quem faz o quê.

— Certo.

— Apenas reforçando, Gustavo, acrescentamos nas raias o cargo ou função que desempenha determinada atividade, cruzando com o que está no organograma ou no funcionograma.

— Estou lembrando.

Capítulo 6 • Consolidação do conhecimento

Prossigo, depois de esticar as costas.

"Cansa falar tanto."

— Utilize o verbo no infinitivo para denotar ação. Exemplo: calcular o imposto ISS, receber a mercadoria, realizar o pagamento etc.

— Credo – ele me olha, assustado.

— O que foi?

— Você quer me ensinar português?

— Rapaz... estou facilitando a sua vida.

Damos uma boa gargalhada na sala. Algumas pessoas fora do aquário nos observam, mas continuamos:

— Acrescente ícones para destacar quando as pessoas utilizam determinados *softwares*, facilitando o entendimento de quem for ler o fluxograma.

— É, faz sentido.

— Avalie as tarefas que possuem: maior quantidade de pessoas executando; possibilidades de erros e retrabalhos; tarefas manuais, utilizando por exemplo formulários impressos; idas e vindas no fluxograma; são sérias candidatas para um procedimento ou remodelagem, geralmente preenchemos o retângulo com amarelo e registramos uma oportunidade de melhoria.

— Jesus Amado...

Mudo a tela do computador e mostro para ele:

— Olha, Gustavo!

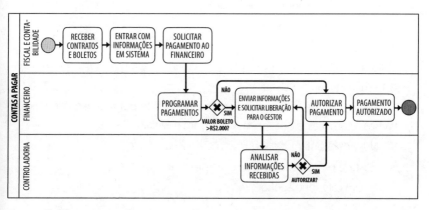

Continuo:

— O objetivo de compartilhar essa figura é que compreenda como ficará o seu fluxograma de processo ao seguir os passos e recomendações.

Ouse ter sucesso

— Hum.

— Note que o fluxograma está fluido, utilize a extensão necessária para deixá-lo com boa leitura e identificação de gargalos.

— É – em tom sarcástico.

— É sim, rapaz.

— Existem diversos tutoriais e treinamentos que abordam esse tema, busque o que mais se adequar ao seu momento profissional e organizacional. Inclusive no próprio site do Bizagi®, eles disponibilizam gratuitamente: https://www.bizagi.com/resources/centro-de-conteudo.

— Vou rezar.

— Por quê?

— Para Deus me ajudar a trabalhar com você.

Eu rio e não dou bola, preciso estar atento:

— Após finalizar a versão 1.0 do fluxograma, você deverá ter a versão 1.0 do repositório de oportunidades de melhorias pronta e agendar uma reunião para validação geral com o *sponsor* do projeto e time envolvido.

— Sim, senhor.

Coloco as mãos na cintura.

"Sei!"

Respiro fundo e decido fazer uma pausa para o estagiário:

— Gustavo, vamos tomar um café?

— Vamos, mas por quê?

— Às vezes precisamos de tempo para assimilar melhor o conhecimento. Oxigenar o nosso cérebro. E na próxima semana estaremos aqui novamente.

— E continuamos daqui?

— Desde que tenha assimilado tudo até este ponto. Caso contrário, vamos retomar algo que tenha ficado com dúvida.

Nós nos levantamos e seguimos para a área do café.

Gustavo põe o dedo na testa e me provoca:

— Um cafezinho, senhor?

Capítulo 7
Perpetuando o conhecimento

> **❝ Todos precisam de feedback, precisamos dar feedback com frequência para os liderados, sendo uma forma rápida de desenvolver equipes. ❞**
>
> **Rafael Coutinho**, CEO na Cosmoquimica.

Mais uma semana se passou e hoje já é de novo terça-feira. Estou no aquário com o Gustavo, após revisar tudo o que vimos. "E não é que esse rapaz está indo muito bem?"

Suspiro, antes de ir para o próximo ponto.

— Bora assegurar o conhecimento dentro da organização?

Ele me olha virando a página do caderno. Eu espero uns segundos:

— Com a validação do fluxograma do processo, você certamente já possui as tarefas críticas identificadas para se tornarem procedimentos operacionais.

— Estou achando muita coisa.

— Não se preocupe, estou aqui para dar o suporte para você durante todo esse processo.

Ele respira fundo.

— Então vai, né? Continue.

99

Ouse ter sucesso

Eu torço o pescoço e continuo:

— Para cada atividade crítica identificada, você deve desenvolver um pro-cedimento. E para que possa se familiarizar com os campos que adotamos, olha esta tela:

1. OBJETIVO

Descreva o objetivo que se quer alcançar com esse procedi-mento e se possível quantificado.

[Pode ser conectado com o processo de avaliação]

2. CAMPO DE APLICAÇÃO

Listar as áreas que devem ter conhecimento desse procedi-mento, ou os cargos que utilizarão.

[Pode ser conectado com o processo de Cargos e Salários e Descrição de Cargos]

3. CONTEÚDO DO PADRÃO

3.1 Preparação e Pré-Requisitos Necessários

Listar o que é necessário preparar antes de iniciar as ativida-des e as competências técnicas.

[Pode ser conectado com o processo de compras]

3.2 Atividades críticas

Descrever o passo a passo da tarefa.

[Pode ser utilizado para conciliar com a Descrição de Cargos]

3.3 Cuidados

Quais cuidados as pessoas devem ter ao longo da execução do procedimento.

[Pode ser conectado com processo de Higiene e Segurança]

3.4 Ações em caso de não conformidades

Caso ocorra alguma falha ou problema ao longo da execução, quais ações devem ser feitas e a quem recorrer.

[Pode ser conectado com o processo de solução de Não Con-formidades e Atendimento ao Cliente]

Capítulo 7 • Perpetuando o conhecimento

4. ELABORADOR(ES)

Listar os elaboradores e respectivas áreas.

Elaborador(es)	Área

5. RESPONSÁVEL

Responsável	Área

6. APROVADOR(ES)

Aprovador(es)	Área

7. HISTÓRICO

(Listar abaixo as alterações realizadas)

_____

_____

_____

Olho para ele, gesticulando para que olhe no caderno, então ele escreve. Depois aponta a caneta e aguarda. Prossigo:

— Objetivo: descreva o objetivo que se quer alcançar com esse procedimento e, se possível, quantifique-o, ou seja, um objetivo mensurável.

Ele escreve correndo.

— Campo de aplicação: listar as áreas e/ou funções que devem ter conhecimento desse procedimento.

— Ok, senhor.

— Preparação e Pré-Requisitos Necessários: listar o que é necessário preparar antes de iniciar as atividades e as competências técnicas.

— Certo.

— Atividades críticas: descrever o passo a passo da tarefa; cuidados: quais cuidados as pessoas devem ter ao longo da execução do procedimento.

— Hu-hu.

— Ações em caso de não conformidades: caso ocorra alguma falha ou problema ao longo da execução, quais ações devem ser feitas e a quem recorrer.

Ouse ter sucesso

— Tá.

— Elaboradores: listar os nomes e respectivas áreas; responsável: descrever o nome do responsável pelo procedimento e/ou processo; aprovadores: listar os nomes e respectivas áreas; histórico: listar as alterações realizadas no documento, para que possam compreender a evolução em busca da excelência.

Gustavo balança os ombros, como se estivesse cansado.

"Nem está na hora do almoço ainda, mas está quase..."

Continuo. Agora pensando no almoço:

— Os campos utilizados acima são apenas referência para que possam adotar na sua organização, no entanto, não são limitantes para que possam adaptá-los à sua realidade.

— Hu-hu.

— Atualmente utilizamos vídeos, *podcasts* e demonstrações ao vivo para realizar treinamentos e capturar o conhecimento adquirido, portanto, existem outras formas de desenvolvimento de procedimentos e/ou instruções de trabalhos, não se limitando ao modelo disponibilizado. Inclusive já presenciei algumas empresas utilizando realidade virtual.

— Realidade Virtual. Que incrível!

— Não, é? As pessoas podem vivenciar sem estarem fisicamente presentes.

Continuo:

— Analise a que mais se adéqua à cultura da organização. O importante é que as pessoas utilizem no dia a dia.

— Legal.

— Nesse momento, possuímos mais uma interação com o RH, conectando com os subprocessos de Integração de Novos Colaboradores, Cargos e Salários e Gestão do Conhecimento.

— Muito bom!

— Próximo ponto: codificação de documentos.

— Sim, senhor. A postos!

— Com o objetivo de iniciar a gestão de conhecimento e possuir rastreabilidade dos documentos que estão sendo gerados, veja aqui na minha tela um exemplo de codificação:

Capítulo 7 • Perpetuando o conhecimento

Tipo de documento	Cod_Doc	Área de Abrangência	Cod_área	Sequência numérica
Políticas (normas internas)	POL	Corporativo	COR	
Manuais	MAN	Diretoria	DIR	
Formulários	FOR	Comercial	COM	
Fluxograma	FLU	*Marketing*	MKT	
Procedimentos Padrões	PRO	Financeiro	FIN	
Memórias de cálculo	MEM	Atendimento ao Cliente	SAC	

Viro a tela do *notebook* para ele e continuo as explicações, apontando para a tela de vez em quando:

— Utilize a primeira coluna para listar todos os tipos de documentos que possuir aqui na empresa. Utilize siglas para facilmente identificá-los.

— Certo.

— E na terceira coluna?

— Liste as áreas, departamentos ou processos de acordo com a nomenclatura utilizada atualmente.

— Ok.

— Utilize siglas para identificá-los, da mesma forma que a anterior.

— Certo.

— E, por último, uma numeração sequencial.

— Por último: graças a Deus.

— O que é isso, já está cansado? Você não ama trabalhar?

— Eu amo?

— Ama!

— Pior que eu amo mesmo.

— Se não nos divertimos com o que trabalhamos, não vale a pena.

"Controle-se, Edu, lembre-se do seu papel aqui dentro."

Falo, apontando o dedo indicador para a minha testa.

"Boa essa minha âncora!"

Continuo:

— Para compreender totalmente: PRO.COM.001 significa procedimento operacional padrão da área comercial número 1.

— E se eu quiser saber mais sobre isso?

Ouse ter sucesso

— Caso você queira se aprofundar no tema em questão, busque por cursos de taxonomia, com isso certamente surgirão possibilidades muito mais avançadas do que essa que estou recomendando iniciar.

— Tá certo.

— Envolva a equipe de TI para compreender a melhor solução tecnológica para disponibilizar os documentos e, quem sabe, treinar as equipes.

— Ok.

— Tenho notado que as organizações estão desenvolvendo "universidades" internas para capacitar os colaboradores apoiados em sistemas de EAD — Ensino a Distância. Avalie com os gestores se é o momento da empresa.

— Uau. Isso é fantástico!

Tenho notado a evolução de diversas organizações no sentido de focar no investimento do conhecimento e aprimoramento das equipes.

No passado, as empresas analisavam apenas o currículo de um candidato para uma vaga de emprego e simplesmente buscavam a sua formação, colocando seus certificados e diplomas como se fosse o suficiente.

Atualmente o foco está na busca por pessoas que conectem com a cultura e o propósito. Por quê? Simplesmente pelo fato de que é mais fácil estabelecer um aprendizado de conhecimento técnico em relação a esse colaborador do que desenvolver ou transformar suas *soft skills*.

O que isso quer dizer?

Se eu tenho, por exemplo, dois candidatos para apenas uma vaga de trabalho, posso considerar um candidato mais apto por ter estudado numa universidade melhor e ter feito diversos cursos, enquanto o outro demonstra ser mais empático, ter mais habilidade para trabalhar em equipe e ensinar os colegas ao seu redor. São dois comportamentos diferentes, mas ambos com qualidades. O que pode me ajudar a decidir sobre qual é o candidato mais adequado?

Por algum motivo, a empresa foca em treinar seus colaboradores com a visão de que está fazendo um investimento, a empresa adquire a liberdade de escolher seus colaboradores pelo que eles são, mais do que pelo que eles aprenderam teoricamente. Isso é muito enriquecedor, pois caráter e personalidade não se formam. Dizem até que alguns valores vêm de berço.

Ah, mas isso não fica muito caro? Não. Porque a empresa não vai graduar seus colaboradores, mas especializá-los em conhecimentos específicos, de que a própria empresa precisa.

Capítulo 7 • Perpetuando o conhecimento

Faço uma provocação: "Tente não investir em seus colaboradores e notará o que ficará mais caro. Permanecer com uma equipe que não acompanha as necessidades de mercado ou uma que com o investimento correto consegue atender e por muitas vezes superar as expectativas."

Reforço que é um investimento bilateral, ou seja, a responsabilidade também é do colaborador de se movimentar, de buscar por novos conhecimentos e sem dúvida de implementá-los.

Existem instituições com diversos cursos profissionalizantes, que atuam como parceiras de empresas. Ou seja, a área de recursos humanos de uma determinada empresa avalia seus colaboradores em conjunto com os gestores e indica cursos necessários para cada indivíduo, de acordo com o que a empresa está intencionada a investir. Desenvolvendo um ciclo de treinamento e crescimento constantes, num processo de melhoria contínua, tanto do colaborador, quanto da empresa.

A universidade interna pode representar ainda mais do que uma oportunidade de treinamento, onde os próprios colaboradores e gestores, que possuem maior conhecimento ou que entregam melhores resultados, se tornam professores compartilhando conhecimento.

Outros efeitos positivos são: a maior integração entre os colaboradores, melhor comunicação, maior engajamento e, por fim, uma cultura organizacional saudável, de união e compartilhamento do saber.

Como pode ficar melhor? Suspiro e retomo:

— Desenvolvendo a Matriz de Treinamento. Já notou que o envolvimento constante dos times de RH e TI não é por acaso? Nessa etapa, você aprenderá como correlacionar os procedimentos com os cargos, para que desenvolva uma primeira matriz de treinamento.

— O que eu faço com essa matriz?

— Esta matriz ajudará diversas pessoas dentro da organização: gestores compreenderão qual pessoa deve ser treinada em determinado procedimento, obtendo assim o conhecimento técnico para exercer a atividade.

— Bom.

— O RH conseguirá conectar com diversos subprocessos.

— Ok.

— Integração técnica de novo colaborador, apoiando no treinamento inicial, reduzindo possibilidade de erros.

— Hum.

Ouse ter sucesso

— Cargos e salários: compreendendo a jornada técnica que o colaborador precisará para ser promovido.

— Legal.

— Gestão do conhecimento: promovendo melhoria constante no aporte de conhecimento na organização. Fora isso, que o conhecimento fica na empresa, perpetuando os resultados que foram obtidos até o momento.

— Certo – ele bate o dedo indicador na testa, sem perceber.

"Boa! Ele copiou a minha âncora, já estou deixando um legado."

— Treinamento e Desenvolvimento: internalizando quaisquer conhecimentos externos adquiridos pela organização.

— Sei.

— Olha só que bacana, nesse momento conectaremos a área financeira, RH e gestores, caso a empresa possua o processo de orçamentação, algumas utilizam a expressão em inglês *budget* para o próximo exercício, conseguirão compreender possíveis investimentos em treinamento e desenvolvimento das equipes.

— Quanta coisa...

Respiro e mantenho o foco:

"Ele consegue!"

— Uma figura muito importante nesse momento de Treinamento e Desenvolvimento de Pessoas são os multiplicadores: identifique com o apoio do RH quem possui perfil para multiplicar o conhecimento dos conteúdos dispostos nos procedimentos.

— Hu-hu.

— Para as organizações que não possuem o RH estruturado, recomendo que o próprio gestor ou pessoa com melhor resultado na execução da tarefa seja o multiplicador.

— Legal.

— Lembrando que melhor resultado não significa que é a pessoa que executa determinada tarefa há mais tempo, ou que possui maior tempo de casa.

— Tá.

— Pelo contrário, algumas vezes noto que quanto mais tempo na tarefa ou de casa, maior é a possibilidade de vícios e/ou barreiras para evolução e adoção de melhorias.

— Ok.

Capítulo 7 • Perpetuando o conhecimento

— Outro ponto importante é o planejamento e programação dos treinamentos: defina as datas e horários a serem realizados os treinamentos de forma individual e no posto de trabalho.

— Muito interessante... – ele solta e continua anotando.

— Combine tanto com o multiplicador responsável, por ser o treinador, quanto com o colaborador a ser treinado, para que não ocorram surpresas indesejadas.

— Ok.

— E principalmente divulgue e formalize a programação de treinamentos, para que as pessoas se organizem e fiquem cientes.

Cod	Procedimentos	Multiplicador (a)	Colaborador(a) 1	Colaborador(a) 2	Colaborador(a) 3	Colaborador(a) 4	Colaborador(a) 5	Colaborador(a) 6	Colaborador(a) 7	Colaborador(a) 8	Colaborador(a) 9	Colaborador(a) 10
PRO.COM.01	[Nome procedimento]	[Nome Multiplicador(a)]	[data]			[data]			[data]			[data]
PRO.COM.02	[Nome procedimento]	[Nome Multiplicador(a)]			[data]		[data]			[data]		
PRO.COM.03	[Nome procedimento]	[Nome Multiplicador(a)]										
PRO.COM.04	[Nome procedimento]	[Nome Multiplicador(a)]		[data]				[data]				
PRO.COM.05	[Nome procedimento]	[Nome Multiplicador(a)]							[data]		[data]	
PRO.COM.06	[Nome procedimento]	[Nome Multiplicador(a)]			[data]		[data]	[data]				
PRO.COM.07	[Nome procedimento]	[Nome Multiplicador(a)]	[data]	[data]		[data]				[data]		[data]

Mudo a tela do computador novamente e mostro para o Gustavo:

— O objetivo é que consigam enxergar que todos os colaboradores estão devidamente treinados e certificados para exercerem determinadas tarefas.

— Uau.

— Próximo ponto. Execução dos Treinamentos.

— O que eu faço?

— Utilize a metodologia OJT – *on the job training* – para que consigam realmente reter o máximo possível de conhecimento.

— Conhecimento? Eu?

— Lógico! E já estou utilizando esta metodologia contigo.

— Sério!

Continuo:

— Acredito que a melhor forma de treinar um adulto é através da experiência e vivência, com isso você deve seguir os seguintes passos...

107

Ouse ter sucesso

Ele me interpela:

— Pois é, será que esses adultos vão me levar a sério, já que sou mais novo do que eles?

Entorto a cabeça para o lado.

"Não é que é uma pergunta bem pertinente?"

— Pode ser que você tenha problemas no início, mas com o tempo, você irá mostrar o seu valor. Confiança é algo que se conquista. Não se preocupe. Tenho certeza de que você conseguirá.

— Você diz essas coisas porque passou por isso ou só para me fazer acreditar?

— As duas coisas!

Ele ri. Eu prossigo:

— Você será o apoio para os multiplicadores de conhecimento. Certifique-se de que está com a versão atualizada e validada do procedimento em mãos e/ou disponível em meio eletrônico.

— Ok.

— Utilize os materiais do dia a dia, cuidado no desenvolvimento de materiais em duplicidade, isso pode gerar um trabalho desnecessário para atualizar diversas fontes de conhecimento.

— Tá.

— Se possuir uma versão em WORD®, utilize-a, não será necessário criar uma apresentação em PowerPoint®.

— Legal. O Office eu conheço bem.

— Muito bem, meu rapaz.

Ele sorri e dou sequência:

— Possua ao menos um profissional a mais capacitado, uma vez que na falta do principal você terá o substituto.

— Dica de ouro: descreva no cargo da função supervisão a responsabilidade por ser um treinador, com isso você amarrará com o processo de RH de Recrutamento e Seleção.

— Tá.

— A sequência para que o processo de treinamento seja um sucesso e que vivencio na prática é: leia o material para a pessoa que será treinada na seguinte sequência.

— Hu-hu.

— Demonstre os indicadores de desempenho e suas respectivas metas do processo.

Capítulo 7 • Perpetuando o conhecimento

— Ai, ai...

Suspiro e continuo:

— Acompanhe o fluxograma do processo, identificando onde a pessoa e a tarefa com que será treinada se encontra.

— Meu Pai...

— Leia o passo a passo que está no Procedimento Operacional Padrão antes de executar a tarefa.

— Hum.

— Solicite para o treinando que se tiver alguma dúvida ao longo da demonstração prática que pergunte ou anote no próprio procedimento que está disponibilizado.

— Wow, muito bem estruturado.

Aponto o dedo para a testa:

— Foco, jovem TDA! Execute o passo a passo do procedimento, lembrando os objetivos. Demonstre como será acompanhado o alcance do objetivo.

— Tá.

— Vou explicar cada campo do POP para que você fique fera.

— Materiais necessários: é a preparação para a execução das atividades, portanto, para que o objetivo seja alcançado, os materiais e/ou preparação deve ser realizada, demonstre o "como" e "por quê".

— Nesse ponto, tenho uma dica de ouro para compartilhar, neste campo conseguimos conectar com o processo de compras!

— Como assim?

— Sim! Muito bacana, não é mesmo? Se nesse campo estamos identificando e listando o que precisamos para executar determinadas tarefas, serão valiosas essas informações para quando for necessário solicitar algo para a área de compras, fez sentido para você?

— Muito! Realmente a empresa é um órgão com diversas conexões.

— Agora no campo de atividades críticas: é o passo a passo para alcançar o objetivo, nesse bloco do procedimento, notará que existe muito conhecimento técnico e certamente a habilidade de alguns assuntos no dia a dia contará, deixe claro isso para o treinando.

— Simmmmm!

— No campo de cuidados, a forma preventiva sempre se sobressairá à corretiva.

— Ok...

109

Ouse ter sucesso

— Ações em caso de não conformidades: agora, se algo inesperado acontecer, devemos estar preparados, se não para solucionar, ao menos remediar e estancar, não podemos deixar "alastrar" ou sair do controle.

— Certo. E o que mais?

Não consigo conter um riso alto.

— Calma, tá acabando.

— Ufa.

— Mas só essa parte.

— Já imaginava.

Prossigo:

— Deixe o treinando executar: peça para o treinando executar a tarefa e dizer em voz alta o que está executando.

— Ousado.

— Não importa.

— Caso o multiplicador identifique algum desvio, corrija no mesmo momento que acontecer, não deixe para depois.

— Não deixe para depois – ele me imita, colocando o dedo na testa de novo.

— Insista até que o treinando execute 100% corretamente todos os passos do procedimento.

— Ok.

— Peça para repetir a tarefa até que consiga realizar corretamente.

— Tá. Espero que ninguém brigue comigo.

— Após a análise do multiplicador (treinador) que a pessoa consegue desenvolver a tarefa sem correções, o treinando (colaborador) estará certificado.

— Ok.

— Dica: nesse momento, o objetivo não será avaliar a habilidade, mas sim a correta realização da atividade.

— Faz sentido.

— Ao finalizar o treinamento, agradeça o treinando e se disponibilize para que o treinando possa tirar dúvidas ao longo dos dias seguintes, com o treinador/multiplicador, combinado?

— Tá certo.

— Notifique a equipe de RH que a pessoa está habilitada para exercer a tarefa.

Capítulo 7 • Perpetuando o conhecimento

Ele suspira.

— Lembre-se de que o multiplicador de conhecimento pode identificar que determinada pessoa não possui o perfil para executar determinada tarefa, portanto, deve-se tratar este possível assunto com diligência e cuidado com o RH.

— Ufa.

Olhamos um para o outro um instante, e eu o alivio:

— Último ponto antes do almoço.

— Último? Promete?

Eu rio:

— Prometo.

— Vou cobrar!

— Diagnóstico da absorção do conhecimento. Após aproximadamente uma semana, retorne ao posto de trabalho com o multiplicador do conhecimento (treinador) para realizar o diagnóstico da absorção do conhecimento.

— Ai, ai...

Eu rio, balançando o pescoço para os lados.

— Para realizar o diagnóstico é necessário possuir o procedimento em formato de *check-list*, facilitando as anotações dos possíveis desvios encontrados.

— E o que mais?

Sinto o tom sarcástico no ar...

— Não é necessário agendar, uma vez que o diagnóstico é realizado com a pessoa executando a tarefa no dia a dia.

— Hum.

— O objetivo do diagnóstico é compreender se o procedimento está aderente ao dia a dia e vice-versa. Em diversos momentos, os profissionais acabam desenvolvendo atividades que podem melhorar ou não o processo, no entanto, não avisam os gestores. E esse é o melhor momento para, além de validar o procedimento, se aproximar do dia a dia da equipe.

— Ok.

— Ao iniciar o diagnóstico, diga para o profissional que realize a tarefa como está acostumado no dia a dia e vá dizendo, em voz alta, o suficiente para o multiplicador escutar, com isso, ir validando o *check-list*.

— Entendi.

111

Ouse ter sucesso

— Se o multiplicador notar que durante o diagnóstico é necessário reforçar alguma parte do procedimento via treinamento, o faça, não deixe para depois.

— Socorro...

— Quaisquer desvios, anote para que possa possuir um histórico e comparar com o que vem encontrando com aquele profissional.

— Hu-hu.

— Analise se será necessário retornar em uma semana ou até mesmo em um mês, dependendo dos desvios encontrados.

— Hum.

— Não deixe passar mais do que um mês para o primeiro retorno após certificar o treinando.

— Tá.

— Tenha uma agenda semestral mínima para revisitar o fluxograma dos processos e os procedimentos operacionais.

— Sim, senhor.

— Caso encontre alguma oportunidade de melhoria, registre no arquivo específico para que possa ter um repositório, bem como evolua, conforme prioridade, para um plano de ação. E aqui mais uma conexão com o processo de sugestões de melhorias, que geralmente a equipe de RH acaba liderando.

Gustavo pede pausa com a mão.

— Um cafezinho, pelo amor de Deus.

— Que tal um almoço?

Ele olha no relógio.

— Nossa, já está quase na hora.

— Certíssimo, meu rapaz.

Ele se levanta e se estica todo, alongando.

— Bora lá!

Saímos da sala para a área do refeitório.

"Merecido."

O almoço passa de uma maneira muito agradável, conversamos sobre o que conseguimos alcançar até o momento, assim como toda a tarde, com novos aprendizados e descobertas sobre o que conquistamos até este ponto.

O caminho do conhecimento e alcance de resultados passa pelos processos de reflexões, análises, revisões, repetições e reforços, até que se estabeleça como um hábito e um novo patamar.

112

Capítulo 8
Execute junto, puxe a equipe, toque o tambor!

> **SS - Planeje soluções com simples execuções.**
>
> **Fernando Medeiros**, ex-executivo de finanças em empresas como Amend Cosméticos e Salon Line.

Ah, adoro quintas-feiras, Gustavo!

Falo, esticando meus braços para cima, como se estivesse me espreguiçando.

— Nós já fizemos tanta coisa...

— E vai ser assim, toda terça e quinta.

— Toda terça e quinta para você, né. Eu fico aqui todos os dias.

— Ainda bem, com isso você possui mais tempo do que eu para colocar em prática tudo que está aprendendo e subir a sua régua de conhecimento e resultados. Bati o dedo na minha testa.

Eu e o Gustavo estamos no refeitório, que não está muito cheio, e eu acho muito bom, assim conseguimos conversar sem muito barulho.

— E então, o que mais me conta sobre você?

— Ah, o que eu poderia te contar de interessante?

Meu telefone vibra.

Eu olho a mensagem da minha esposa:

Ouse ter sucesso

[11:59] Esposa: O nosso pequeno acabou de montar uma garagem enorme de *Hotwheels* no tapete da sala.

Eu olho a foto e rio:

— Mais um TDA na família.

Mostro para o Gustavo, que acrescenta:

— Ele já põe o dedinho na testa também?

Soltamos uma gargalhada juntos.

Tomo um gole de suco e presto atenção ao meu redor.

Gustavo começa outro assunto:

— Sabe que no início, quando vinha trabalhar, eu vinha de terno e gravata?

— Sério?

"Não acredito. Conheço essa história!"

Ele continua, um pouco desajeitado:

— Mas aí, eu percebi que tinha gente que ficava rindo de mim, apontando o dedo e mexendo na gravata, como se quisesse me diminuir por eu usar uma.

Balanço a cabeça de um lado para o outro:

— Eu sei exatamente como é! Eu fiz a mesma coisa.

Ele se vira para mim com olhos arregalados e boquiaberto:

— Como assim? Me conta!

Eu rio e relembro minha fase de estagiário:

— O meu primeiro trabalho oficial foi como estagiário, numa montadora. E logo no primeiro dia, eu fui de terno e gravata, afinal, queria dar o meu melhor.

O rapaz suspira:

— Essa foi a minha ideia...

Continuo:

— Mas eu acabei sendo motivo de piada, assim como você.

Escuto mais um suspiro, agora de surpresa:

— Uau.

— Sabe, num mundo de medianos, quem dá o seu melhor muitas vezes passa por chacotas, por vezes numa inveja disfarçada de piada, para tentar diminuir quem faz o que a maioria não quer fazer.

Capítulo 8 • Execute junto, puxe a equipe, toque o tambor!

— Faz sentido.

Ficamos em silêncio por alguns segundos.

Muito mais importante do que o comportamento que faz com que colaboradores olhem uns para os outros é o próprio olhar do colaborador para com ele mesmo. É muito enriquecedor quando o indivíduo já adquiriu a seguinte maturidade, ele pergunta para si mesmo: "Como vou começar o meu dia?", "Como eu posso seguir a minha agenda e ainda ser capaz de melhorá-la?", "Como manter o foco sem me distrair com comentários alheios?".

O mundo corporativo é um ambiente cheio de desafios, possibilidades de aprendizado e processos de melhoria constantes, tanto para os colaboradores quanto para a empresa como um todo.

A disciplina individual hoje em dia é essencial para o crescimento da empresa e do profissional. É natural que a área de Recursos Humanos esteja cada vez mais buscando pessoas que têm capacidade de atuar com a autodisciplina. O que isso significa?

Nenhum gestor espera ter colaboradores os quais ele precise ficar chamando a atenção sobre as suas responsabilidades ou "cuidar" da progressão profissional. O que se busca atualmente são pessoas que têm o poder da autorresponsabilidade, o que demanda que elas atuem sobre elas mesmas como seus próprios gestores: observando a si mesmas, analisando o próprio comportamento, produtividade, pontos fortes e fracos, com foco na automelhoria.

Mas como isso é possível?

Uma vez que se adquira maturidade profissional, um determinado colaborador utiliza os problemas da empresa, críticas e *feedback* para ele mesmo, sempre pensando em como ele pode desenvolver a si mesmo, a fim de que os processos em que ele atua sejam cumpridos e melhorados, além de corresponder às expectativas de seu gestor, sua área, seus colegas e a empresa como um todo.

Há quem trabalhe apenas em função de um salário, mas esse já é um modelo antigo de colaborador, pois é um modelo do qual a empresa pouco necessita ou espera ter. O mais interessante em um bom colaborador é a

Ouse ter sucesso

sua capacidade de se autogerir, pois trata-se de uma pessoa que tem autoconhecimento, autocrítica e uma capacidade enorme de se desenvolver sozinho, partindo de suas próprias observações.

Disciplina e foco determinam o sucesso individual sempre!

Tomo mais um gole do suco de abacaxi.

— Edu, como foi a sua faculdade?

— O que você quer saber?

— Você gostava?

— Gostava, sim, estudava muito.

— Ah, vá.

— E não?

— Você acredita que eu cheguei a ter um breve relacionamento, que eu desisti, justamente para focar no estudo e trabalho?

— Sério?

— Seríssimo. Mas foi ótimo, porque consegui focar nos estudos e principalmente na carreira que havia traçado para alcançar os meus objetivos.

— Eu estou gostando da minha faculdade também, apesar de às vezes me sentir sobrecarregado.

— Faz parte da juventude, meu rapaz.

— E da vida adulta, não?

— Faz também, mas há suas compensações.

— Como o quê?

— Como o ser independente, ter sua família e as pessoas que ama ao seu lado, trabalhar com o que gosta e poder decidir sua vida por você mesmo.

— E o que mais?

— Claro que tudo isso deve ser pautado por escolhas e renúncias. Para que consiga alcançar os seus objetivos, muitas vezes precisará tomar decisões duras. Quando você é jovem, você sonha. Quando adulto, você realiza seus sonhos! Confesso que nunca pararei de sonhar.

— Uau! É, eu chego lá!

— Claro que chega!

Capítulo 8 • Execute junto, puxe a equipe, toque o tambor!

Tomo o último gole de suco e convido:

— Bora?

Ele põe o dedo na testa e responde:

— Bora!

"Mas tá abusado esse menino!"

Levantamo-nos e seguimos.

Já no nosso aquário, sentados um do lado do outro, tenho a intenção de retomar as minhas explicações:

— Podemos continuar?

— Claro – ele responde, e já fica a postos com a caneta na mão e o caderno sobre a mesa.

"Ótimo!"

— Certamente, durante todo o processo, você concorrerá com as tarefas do dia a dia de cada pessoa envolvida.

— Sim.

— Portanto, você vai precisar ser o facilitador das melhorias a serem alcançadas e demonstrar que, se algo for executado, possuirá mais tempo para tarefas como: analisar, compreender melhorias etc., agregando mais valor para a organização.

— Tá. E como eu faço isso?

— Desenvolva o momento de Rituais de Gestão!

— Momento de Rituais de Gestão?

— Sim. O objetivo dos Rituais de Gestão é dar cadência ao acompanhamento dos resultados e da execução das ações de melhorias, é possuir um momento de reflexão e demonstração do que as equipes conseguiram alcançar até uma determinada data.

— E de quanto em quanto tempo eu faço isso?

— São momentos mensais.

— Mensais. Ok!

— Momentos em que os gestores se reúnem para demonstrar os resultados tangíveis, ou seja, o alcance das metas através dos painéis de indicadores de desempenho desenvolvidos.

Ouse ter sucesso

— Certo.

— E os resultados intangíveis, ou seja, a evolução dos planos de ações de melhorias.

— Eu devo ter uma pauta para esse encontro?

— Lógico! Sempre!

— E o que você recomenda?

— A pauta que recomendo para esse encontro deve ter os seguintes itens, anota aí!

Ele escreve como um foguete e eu prossigo:

— Objetivo: acompanhar a evolução dos resultados organizacionais.

— Ok.

— Participantes: diretores, presidente e/ou diretor e gestores. Vale compreender as denominações utilizadas aqui na empresa.

— Tá. Algo mais?

— Sim. Duração: 15 minutos cada gestor.

— Só 15?

"Costuma dar..."

— É o suficiente. No entanto, nos primeiros levarão um pouco mais, até serem mais objetivos.

— E a frequência dos encontros?

— Já disse! Frequência: mensal.

Ele termina de escrever e me olha, em silêncio, apenas me aguardando continuar.

Prossigo:

— Assuntos abordados: nível de alcance das metas dos indicadores essenciais de cada gestor.

— Tá.

— Evolução dos planos de ação.

— Certo.

Ele está escrevendo ainda mais rápido do que ontem.

"Incrível esse rapaz. Tem futuro!"

— Visão geral do andamento dos planos.

— Hu-hu.

— Ações importantes, com impacto positivo ou não.

Capítulo 8 • Execute junto, puxe a equipe, toque o tambor!

— Ok.

— Tomada de decisão e/ou direcionamento dos diretores e, se for necessário, considerações finais.

— Parece que vai ficar mais fácil assim.

— Sim, você vai notar que nem você nem os gestores precisarão preparar quaisquer materiais, apenas utilizar os painéis de gestão de indicadores de desempenho e acompanhamento dos planos de ação, o que acha? Ajudou?

— Muito!

— Olha só! Desenvolva também um calendário anual para que todos os gestores deixem reservadas determinadas datas e sempre estejam preparados.

— Um calendário com todos eles?

— Isso!

— É, isso é muito bom, senão fica difícil agendar tempo com todos eles depois.

— Sim. E por falar em estarem preparados, veja esse arquivo onde compartilho os tópicos importantes para os rituais de gestão, que é a correta utilização dos painéis de gestão e o acompanhamento dos planos de ação.

— Ótimo, Edu!

RITUAIS DE GESTÃO						
Ritual de Gestão	Objetivos	Participantes	Pauta	Frequência	Preparação	Observações
Reunião de Resultados	Apresentar os resultados mensais comparando com o planejamento, possuindo a visão anual	Diretores e convidados	Resultados Gerais Resultados em cada Diretoria Acompanhamento das ações da última reunião Acompanhamento dos projetos estratégicos Repassar em linhas gerais a ata	Mensal	Painéis da gestão atualizados Projetos atualizados Análises realizadas Ações que ficaram da reunião anterior atualizadas	
Reunião de acompanhamento de vendas	Acompanhar a evolução das vendas das diversas equipes	Equipe de vendas	Valores realizados atualizados Projeções atualizadas Ações promocionais e operacionais divulgadas	Diária		
S&OP (Sales & Operations Planning) | Planejamento de Vendas e Operações	Sincronizar as expectativas de vendas com a capacidade operacional da organização em atender as necessidades dos clientes	Líderes de vendas, operações e backoffice	Projeções de vendas Capacidade operacional do atendimento Ações para que a oferta e demanda estejam alinhadas	Diária		

119

Ouse ter sucesso

— Note que esse painel não é exaustivo, precisamos preenchê-lo, são apenas exemplos. Reforço que as primeiras reuniões serão extensas até que consigamos a objetividade que almejamos, combinado?

— Foi o que imaginei, conte comigo!

Eu continuo a minha explicação:

— Treine as pessoas na utilização dos painéis de gestão versão 1.0.

— Você acha que elas vão aceitar o treinamento vindo por mim, Edu?

— Você vai usar terno e gravata?

Ele cai na gargalhada:

— Não sei, Edu. Eu devo usar?

— Claro que não, rapaz, já não tiraram sarro de você? Esquece o terno e a gravata, mas foca na utilização dos painéis.

— Certo.

— Independentemente de os painéis terem sido desenvolvidos no Excel® ou PowerBI® ou quaisquer outras ferramentas, o importante é treinar as pessoas na utilização e direcioná-las para nos dar *feedbacks* acerca de possíveis melhorias.

— É, *feedback* para melhoria é sempre bom.

— Os versionamentos futuros dependerão da correta utilização.

— Versionamentos?

— Versionamentos!

— Por que você gosta de falar difícil?

— Confesso que adoro explorar a nossa língua portuguesa.

— Tá, tá, o que mais sobre os versionamentos, então?

— As pessoas precisam ser aculturadas e compreenderem os benefícios ao iniciar o dia abrindo o painel de gestão.

— Fazer com que eles tomem o painel como um hábito?

— Exatamente. E o seu objetivo é fazer com que os usuários enxerguem, que é uma forma de acompanhar os resultados deles, é como compreender se o velocímetro do automóvel está funcionando, se o medidor de combustível está indicando a quantidade correta, para chegarem ao objetivo, alcançarem o destino.

— Legal!

Capítulo 8 • Execute junto, puxe a equipe, toque o tambor!

Respiro fundo e continuo:

— Acesse cada um dos painéis desenvolvidos e analise junto com os gestores.

— Mas eu faço isso diariamente?

— Não, você os ensina a fazer isso no começo, até que você perceba, já virou um hábito para eles.

— Ok.

— Faça um passo a passo juntos.

— Certo!

— Questione o porquê de cada gráfico, de cada análise, de cada meta, de cada tendência, ou seja, analise todos os pontos.

— Interessante.

— Muito.

Ambos balançamos a cabeça em sinal de afirmação.

Estralo o pescoço e dou sequência:

— Estabeleça um canal de comunicação com os usuários para que possíveis melhorias sejam relatadas.

— Muitas melhorias, tenho certeza.

— Quanto mais, melhor.

— Por que melhor?

— Quanto mais oportunidades existirem, mais resultados aparecem.

"Ah, as famosas lacunas... são o nosso trabalho!"

— Faz sentido.

— Compartilhe com os usuários o olhar para enxergar as melhorias nos indicadores, caso contrário, não conseguirá provar o retorno sobre investimento e/ou agregação de valor para a organização.

— Hu-hu.

— Desenvolva um material de treinamento. Recomendo um vídeo explicando o passo a passo para acessar e analisar os indicadores de desempenho.

— Você tem esse vídeo, Edu?

— Ainda não, mas você pode fazer um, explicando tela a tela, gravando a tela do computador.

— Boa.

121

Ouse ter sucesso

— Envolva as equipes de RH e TI.

Eu me levanto e dou uma boa esticada nas costas.

Sigo, falando em pé:

— Depois, siga para o acompanhamento dos planos de ação.

— Como é isso?

— Compreenda junto com os gestores o tempo de maturação de cada ação, ou seja, se uma determinada ação foi concluída no mês de julho, será que os resultados aparecerão nesse mesmo mês ou nos seguintes?

— Certo.

O rapaz suspira e chacoalha a mão para aliviar a tensão de tanta escrita.

— Com isso, conseguirá compreender o efeito nos indicadores de desempenho.

— Acho que vão aparecer muitos resultados mesmo.

— Sim. Ao melhorar cada indicador, retorne para o *book* do projeto para registrar o que foi feito e o resultado, certamente uma comemoração fará sentido a cada vitória.

— Adoro comemorações.

"Eu também!"

Foco no meu raciocínio:

— A comemoração pode e deve ser um "parabéns" para quem fez parte da equipe e, dependendo do resultado, utilize o *endomarketing* da organização, certamente contaminará positivamente outras pessoas para fazer o mesmo.

— Isso vai ser bem legal!

— Claro, as pessoas são contagiadas por isso. O efeito é como se fosse uma espiral, pode até começar tímido, no entanto, depois aumentará e fará parte da cultura organizacional.

— O mais legal é fazer parte de tudo isso. Nem sei como agradecer.

— Ah, sabe sim.

Ele me olha, com os olhos bem arregalados:

— Como?

— Faça tudo isso que estou ensinando! Continue firme.

— Eu vou continuar! Pode deixar, faço questão!

Sento novamente e toco seu ombro, para que preste bastante atenção:

Capítulo 8 • Execute junto, puxe a equipe, toque o tambor!

— Sabe, Gustavo. Terão dias que você vai ficar desanimado, vai ter um colega ou outro que vai estar mal-humorado e não vai querer colaborar.

Ele suspira:

— É, eu sei como é.

— Só quero que você não desista! É assim que vai me agradecer.

— Eu não vou desistir!

— Ótimo!

Ele balança a cabeça e chacoalha a caneta na mão.

Continuamos:

— Verifique se aqui existe algum *software* de acompanhamento de ações ou projetos, utilizando um único, evitando acompanhamentos de diferentes formas.

— Acho que não tem, mas irei verificar, sim.

— Observe, junto com as equipes, se uma determinada ação surtir efeito.

— Como um efeito, Edu?

— Ah, por exemplo, se for um efeito positivo: identifique se é necessário padronizar algum campo ou tela no sistema.

— Ok.

— Ou desenvolver um POP, procedimento operacional padrão, e treinar pessoas que não participaram do processo.

— É, isso deve acontecer mesmo, de pessoas que não participaram do processo.

— Então... também lembrar de incluir no treinamento de integração de novos colaboradores.

— Verdade...

— Acrescentar no processo de gestão de conhecimento da empresa.

— Ok.

— Versionar o fluxograma do processo e circular a nova versão entre os integrantes, inclusive treinando-os novamente ou somente tomando ciência da melhoria.

— Versionar – ele repete, apontando o dedo para a testa.

"Não acredito."

— Processo constante.

Ouse ter sucesso

— Exatamente.

— E se for um efeito negativo?

— Daí, corrija imediatamente, não espere, modifique algo para estancar a anomalia e depois analise.

— Ok.

— Assim que a poeira baixar, compreenda o que deu errado e registre para que não faça novamente.

— Certo.

— Revisite o processo, junto com as pessoas, para compreender o ocorrido, e desenvolva novas oportunidades de melhoria com os devidos planos de ação.

— Faz sentido.

— Busque pelo que aconteceu e não quem que fez algo, evoluindo assim a cultura de gestão por resultados.

Isso me leva a uma reflexão.

Quando uma pessoa tem conhecimento de processos, ela possui capacidade de mapear um processo através de um fluxograma. A partir do momento que se tem um processo padrão, todos os colaboradores devem ser treinados, desde o início, inclusive durante a integração institucional e técnica.

Ainda que um processo não esteja muito bem definido, de forma eficiente e bem mapeado, é provável que com o tempo ele possa ser melhorado. Por que isso acontece?

Vivemos um momento em que a tecnologia e o conhecimento se desenvolvem numa velocidade surreal, o que afeta nossos sistemas de informação, os dados que usamos, até a forma de se trabalhar, independentemente de qual área se esteja.

Além disso, os próprios colaboradores acabam criando maneiras mais eficientes de realizar um processo. É no dia a dia e na prática que se percebem os problemas que ocorrem durante um determinado processo, bem como as oportunidades de melhoria que vêm com ele.

Quando se trabalha numa organização, é preciso estar aberto, não apenas para aprender seus processos, mas também estar aberto a uma percepção mais ampla sobre tudo o que acontece diante dela e ao redor. São os colaboradores, que atuam em processos, os maiores responsáveis por sua melhoria e desenvolvimento.

Capítulo 8 • Execute junto, puxe a equipe, toque o tambor!

É claro que um impulsionador de negócios tem uma maior chance de perceber o potencial de transformação e evolução de um processo, devido à sua especialização e experiência em inúmeras empresas e processos diferentes.

Uma organização sente que um colaborador agrega quando pode contar com ele, sua disciplina e alta percepção para a melhoria dos seus processos.

Nem sempre os colaboradores estão atentos, mas são justamente aqueles que possuem olhar aguçado para os detalhes que fazem a diferença, e por isso são almejados pelas empresas, recebem promoções e se tornam futuros gestores.

Muitas vezes, são os pequenos detalhes que fazem a diferença, tanto na organização quanto para o colaborador, que transformará o trabalho, a empresa e até a satisfação profissional e pessoal dos envolvidos.

— Edu?

"É tão bom estar num ambiente com pessoas que já compreenderam essa dinâmica da vida."

— Edu??

— É complicado ser desmerecido e desmotivado no trabalho.

— Edu???

— Oi, Gustavo?

Ele aponta para o relógio.

— Preciso ir, tenho aula!

Eu verifico a hora e vejo que já estamos no fim da tarde.

— Está certo. Até amanhã, então!

Ele arruma suas coisas e se levanta.

— Obrigado, até terça que vem!

— Bem cedo!

Ele põe o dedo na testa:

— Sim, senhor!

Eu rio.

Ele sai.

Capítulo 9

Como a metodologia está contribuindo com o impulsionamento de organizações

> **❝ Vamos seguindo um passo de cada vez com responsabilidade e honestidade. Passos curtos, mas passos firmes e passos contínuos. ❞**
>
> **Renata Stefani**, diretora de Gente e Gestão na Construtora Stéfani.

"Adoro terças-feiras!"

Penso comigo e logo me corrijo:

"Eu acho que adoro todos os dias."

Rio por dentro, com minha satisfação de trabalhar com o que verdadeiramente gosto.

Respiro fundo e solto:

— Ahhhh!

Estou chegando ao elevador para uma reunião em outro andar.

Vejo o Gustavo de longe e o chamo para ir comigo:

— Bom dia, meu jovem.

Ele ameaça pôr o dedo na testa e para, quando outro executivo me corta correndo e aperta o botão do elevador.

A porta fecha e percebo o mal-estar da pessoa, que está suando e apertando o nó da gravata de um lado para o outro.

Ouse ter sucesso

— O senhor está bem?

Ele me olha e continua demonstrando desconforto.

— O senhor precisa de ajuda?

De repente, o homem aperta um botão e o elevador para. A porta abre e não há ninguém no andar. O executivo coloca uma das mãos na porta, impedindo que ela se feche. Com a outra mão, continua apertando a gravata, como se quisesse se libertar, não sou capaz de decifrar a cena totalmente.

— Senhor? O senhor está bem? Como posso ajudar?

Ele me olha um instante e se senta no chão, no meio da porta, sem dizer uma palavra, e fica olhando para baixo.

Eu olho para o Gustavo, que está com cara de assustado, mas fica em silêncio.

Eu me sento no chão, tentando ficar mais ao lado do executivo e não de frente, para não parecer um confronto.

— Respire fundo – eu digo.

Ele levanta os olhos para mim e felizmente segue meu conselho.

Coloco minha mão em seu ombro e repito:

— De novo, respire fundo e solte devagar.

Ele respira e solta, me olhando nos olhos.

Aperto seu ombro e solto.

— Sabe? É normal ter dias assim.

O executivo continua me encarando, sem dizer nada. Ele passa uma das mãos no rosto e enxuga o suor na manga do paletó.

— Sabe, meu amigo, o mundo corporativo às vezes apresenta tantos desafios, que tem levado muitos executivos a sofrerem de *Burnout*, você já ouviu falar?

Ele balança a cabeça, afirmando que sim.

Eu continuo:

— Se você me permite, eu sugiro que você dê meia-volta no dia de hoje.

— Como assim? – ele pergunta.

— Vá para casa! Tire essa roupa, ande descalço na grama, fique com a sua família e, se possível, marque uma sessão de terapia.

— E você acha que um dia de folga é o suficiente? – ele fala de forma sarcástica.

Capítulo 9 • Como a metodologia está contribuindo com o impulsionamento de organizações

— Não, não é, mas ajuda você a começar a acertar o ritmo. Pense nas atividades que você pode inserir no seu dia fora do escritório, como caminhada, passeios com a família, além de alguma terapia, e decida o que pode diminuir no trabalho.

Ele bufa:

— Não é tão simples assim.

Toco mais uma vez em seu ombro:

— Eu sei que não, mas é necessário. Você tem que se cuidar primeiro, para depois cuidar da sua carreira.

Ele se levanta rapidamente.

Eu me levanto em seguida.

Gustavo observa tudo de olhos arregalados.

O homem estica a mão para mim, querendo me cumprimentar, eu aperto sua mão.

— Eu vou fazer o que você disse, vou para casa.

Balanço a cabeça:

— Muito bem.

— Qual é o seu nome?

— Edu. Edu Bezerra.

— Obrigado, Edu.

— E você?

— José. José Ferreira.

— Cuide-se, José. Eu já passei por isso.

Ele agora toca meu ombro, tira a gravata e sai caminhando no andar em que paramos.

A porta se fecha. Aperto o andar da reunião.

— O que foi isso, Edu???

— *Burnout*, meu rapaz, *Burnout*.

Gustavo respira fundo e fica de boca aberta.

Ele põe a mão na testa:

— Minha nossa!!!

— O que foi, Gustavo?

129

Ouse ter sucesso

— Será que isso vai acontecer comigo um dia?

— Somente se você deixar.

— E o que eu faço para não deixar?

— Cuide do seu corpo e da sua mente.

Ouço o rapaz respirar fundo, a porta do elevador se abre e eu complemento:

— Vamos para nossa sala, lá eu te conto tudo.

Ele dá um sorriso de canto:

— Nosso aquário, você quer dizer?

— Esse mesmo, meu jovem!

Seguimos caminhando em direção ao aquário.

Eu me sento na cadeira e ligo o meu *notebook*.

Gustavo se senta à minha frente e faz o mesmo, além de abrir seu caderno e posicionar a caneta sobre ele.

— E então, Edu? O que foi aquilo lá no elevador?

— É, Gustavo, as pessoas têm que aprender a não deixar os cuidados com elas mesmas, mediante a pressão do mundo corporativo.

— Você já passou por isso? *Burnout*?

— Já!

— Já?

— Já!

— Me conta!

Eu entrelaço os dedos das mãos atrás da minha cabeça e estico as pernas para a frente. Fecho os olhos uns segundos e me recordo da época de faculdade.

— Eu tinha a sua idade, Gustavo...

— Sério?

— Seríssimo!

— Como foi? Me conta!

— Eu tive *Burnout* na época da faculdade, pressionava a mim mesmo, achava que poderia sempre fazer mais, fazer melhor com todas as coisas e, quando vi, fiquei um mês de cama, não conseguia fazer nada, só dormia.

Capítulo 9 • Como a metodologia está contribuindo com o impulsionamento de organizações

— Você dormia?

Balanço o queixo para cima e para baixo.

— Eu me sentia exausto, parecia que, por mais que eu dormisse, não era o suficiente, eu tinha que dormir mais.

— E o que você fez?

— Ah, naquela época não se falava muito sobre isso, eu descansei, obedeci a meu corpo e depois me rendi. Quando voltei para a faculdade, acabei me tornando professor de uma turma inteira de DP.

— Como assim? DP?

— Eu tive que compensar as aulas que tinha perdido numa outra sala, porque perdi o tempo da rematrícula, e nessa sala todo mundo estava com dependência em alguma matéria. Aí, meus colegas começaram a me pedir ajuda e eu acabei dando aula para uma parte da turma.

— Você dava aula na faculdade para os seus colegas?

— Sim. E no fim, todos passaram nas provas que tinham que passar.

— Eu não acredito! Você teve *Burnout* e virou professor?

Eu solto um riso satisfeito pela lembrança.

— Naquela época eu virei.

— E depois?

— Depois eu nunca mais tive *Burnout*, comecei a prestar mais atenção em mim mesmo, acho que comecei a agir com mais calma.

— Dentro da sua cabeça?

— Exato! Dentro da minha cabeça.

— Uauuuuuuuu!

Eu levanto e me sirvo com um café, que está numa mesinha ao lado. Gustavo levanta e faz o mesmo.

Olho para ele:

— Sabe, Gustavo... eu demorei um pouco para me tornar empreendedor, mas tudo o que eu vivi antes como colaborador me levou para onde eu estou hoje. E só digo uma coisa para você...

Ele permanece calado, aguardando minha conclusão.

Eu continuo:

— Seu foco e determinação são o que levam você a acreditar em si mesmo.

Ouse ter sucesso

Nunca espere que alguém acredite em você, mas você deve acreditar em si mesmo, em primeiro lugar.

Gustavo parece emocionado.

Volto a me sentar e o convido:

— Vamos falar da metodologia que está contribuindo para o impulsionamento de organizações?

Gustavo se senta:

— Vamos, mas me fala um pouco das empresas em que você trabalhou.

— Claro. O que você quer saber?

— Tudo. Por quais empresas você passou, quanto tempo ficou, até chegar a ser empreendedor.

— Não dá para contar tudo, mas vou resumir para você.

Ele relaxa na cadeira para ouvir, visivelmente interessado na minha história.

Suspiro e começo:

— No meu último ano da faculdade e do estágio, participei de um processo de *trainee* num grande banco e passei, porém tive outras oportunidades e acabei indo para uma empresa menor, onde acreditei possuir o caminho para aprender o que precisava, indo ao encontro do meu sonho.

— Que sonho?

Dou um sorriso de canto:

— Ser presidente de uma empresa.

— Presidente? Só isso?

— Pois é.

— E deu certo?

— Claro que deu, hoje eu não sou presidente da minha própria empresa?

— É...

— Então... eu fui para o Canadá para um intercâmbio, no fim da faculdade, e quando retornei fui para essa empresa menor e fiquei lá seis anos, aprendendo e agregando o máximo que pude.

— Uau!

— Foram aproximadamente 80 projetos, e dizem que, ao trabalhar em uma consultoria, um ano corresponde a três em empresas de outros segmentos. E posso afirmar que, empiricamente, se não foram três, foi um pouco mais.

Capítulo 9 • Como a metodologia está contribuindo com o impulsionamento de organizações

— E depois?

— Nesse meio tempo conheci a Endeavor e empreendedores fora de série. Dois em especial, que são: Wilson Poit, da Poit Energia, e Beto Tamm, da MMQ, ambos com trajetórias que realmente agregaram e agregam muito para o nosso país. Certamente fontes inspiradoras, com quem tive a oportunidade de trabalhar nessas empresas.

— Uau!

— Na sequência fui para o Blue Tree Hotéis e participei de dois projetos de *turn around*, momento que conheci o verdadeiro espírito de hospitalidade. Foi um ano muito intenso e com resultados que alegraram os investidores.

— Que incrível!

— Após esse desafio, segui para a Microsiga, que se tornou TOTVS, participando de mais alguns projetos, e foquei a carreira na área comercial, finalizando a minha empreitada por lá após dois anos.

— E depois?

— No final de 2007, ano que conheci a minha esposa, havia decidido que tiraria férias, depois de 11 anos estudando e trabalhando, pensei: "Agora vou espairecer um pouco". Apenas pensei, claro.

— Por quê? Não deu certo?

Eu rio.

— Era aproximadamente a segunda semana de dezembro de 2007, quando estava retirando o meu carro do estacionamento da TOTVS, o Wilson Poit me ligou perguntando como eu estava. E a conversa foi assim:

[Edu]: "Nossa, você já ficou sabendo?"

[Wilson]: "Do quê?"

Ele não sabia que eu estava saindo exatamente naquele instante da TOTVS.

[Wilson]: "Para onde você está indo?"

[Edu]: "Não sei, Wilson, imaginei descansar um pouco."

[Wilson]: "Ótimo, descanse sábado e domingo e na segunda-feira almoçaremos."

[Edu]: "Combinado."

— E daí, Edu? O que aconteceu?

Ouse ter sucesso

— E lá estava eu no almoço com o Wilson e bem descansado do final de semana. Falando com um amigo que admiro e recebendo a proposta para me tornar um diretor da Poit Energia. Imagine só como eu me senti naquele exato momento, com apenas 29 anos, alcançando a minha meta de adolescente.

— É inacreditável!

Balanço o pescoço, concordando com ele.

— Realmente não tenho como descrever em palavras a sensação. Acontece que o meu sentimento era de que o meu dever não estava cumprido. Sim! Tinha algo que estava falando de dentro para fora: "Edu, você precisa ajudar outras empresas, busque fazer em algumas, não em apenas uma".

— O que você fez?

— Disse para o Wilson que gostaria muito de trabalhar com ele, no entanto, seria egoísta da minha parte aplicar o meu conhecimento em apenas "uma empresa", já que gostaria de aplicar em mais.

— O que ele respondeu?

— E ele, uma pessoa iluminada, me disse: "O bicho do empreendedorismo te picou". Eu arregalei os olhos e me veio um *déjà vu*, lembrando tudo o que os meus pais passaram, os ciclos, aprendizados, como se fosse um filme em alta velocidade.

— E aí?

— O Wilson disse: "Bom, para ajudá-lo neste início, eu quero ser o seu projeto de nº 001".

— Que legal!

— Sim. Como descrever esse momento? Algo como os fogos de artifício na virada do ano, acredito que aproximadamente isso.

— Sensacional, Edu! Também quero vivenciar uma trajetória similar.

Rimos.

— Naquele momento, foi um "Eureca", encontrei o meu propósito de vida! Apoiar os empreendedores e gestores a impulsionar os seus negócios.

— Parabéns! Você é mesmo uma inspiração para mim.

Suspiro:

— Desde então, impulsiono aproximadamente dez empresas por ano.

Capítulo 9 • Como a metodologia está contribuindo com o impulsionamento de organizações

E agora compartilho com você a metodologia que utilizo com dicas e sacadas para facilitar a aplicabilidade aqui nesta organização.

Respiro fundo outra vez e bato uma mão na outra.

— Vamos trabalhar, meu jovem! Se você quer ser presidente um dia, tem muito trabalho pela frente.

— Bora!

Estico minhas costas na cadeira e começo:

— Antes de demonstrar os casos de sucesso, devo lembrá-lo que mantenho um rito de confidencialidade, portanto, não posso abrir os nomes das empresas, apenas a contextualização, combinado?

— Claro, Edu, estou curioso!

— Primeiro, vou te mostrar um pouco sobre uma organização no segmento industrial.

— Ok.

— Quero mostrar para você, de forma resumida, como agimos em alguns diferentes segmentos de negócios. Veja!

Abro a tela do computador e mostro:

ORGANIZAÇÃO INDUSTRIAL

A tese e hipótese inicial: obter as oportunidades de melhorias nos processos industriais.

O que identificamos: diversas oportunidades nos processos principal e secundários.

O que fizemos:

Contamos com o direcionamento do CFO e COO logo no início do projeto para priorizar a atuação;

Validamos as bases de dados referências para acompanhar os ganhos;

Fizemos uma "varredura" nos processos Industriais, Compras, Estoque, Logística, PCP, Administração de Vendas e Faturamento, utilizando a metodologia de Impulsionamento de Organizações®;

Os maiores ganhos se deram: na adequação dos estoques de produtos acabados, negociações de embalagens e matérias-

Ouse ter sucesso

-primas junto com os fornecedores, redução do tempo de *setup* de máquinas.

Foram priorizadas 14 oportunidades de melhorias com um projeto de dois anos.

Principais resultados:

Ganho anual de aproximadamente R$ 1,5 MM perante uma base de R$ 18 MM projetando em 5 anos R$ 5 MM.

– Vocês ganharam tudo isso?

– Não, não. A empresa.

– Mas com a sua ajuda e metodologia?

– Sim!

Balanço a cabeça orgulhoso.

– Quer ver mais?

– Lógico!

Dou alguns cliques e apresento a ele outra tela.

– Olha!

CONCESSIONÁRIA DE VEÍCULOS

A tese e hipótese inicial: sentimento de que os gastos estavam elevados.

O que identificamos: desconhecimento do potencial de otimização dos gastos.

O que fizemos:

Organizamos os dados para transformá-los em informação;

Solicitamos e organizamos os contratos com fornecedores;

Estruturamos as análises para dar visibilidade ao potencial de negociação de cada frente de trabalho;

Preparamos a organização para melhorar as coletas de dados para os próximos exercícios;

Envolvemos e capacitamos os gestores para buscarem as otimizações;

Desenvolvemos e preparamos uma peça orçamentária com indicadores de desempenho e metas;

Estruturamos os rituais de gestão para acompanhamento e captura dos ganhos almejados.

Principais resultados:

Ganho anual de aproximadamente R$ 1 MM perante uma base de R$ 15 MM.

– Isso é incrível! Vocês conseguem atuar em qualquer área de negócio.

– Essa é a ideia, meu jovem.

– E tem mais?

Eu respondo alto:

– Claro que tem.

Sigo para a próxima tela e mostro para ele:

– Veja!

SEGMENTO DE ESTACIONAMENTO DE VEÍCULOS

A tese e hipótese inicial: preparar o Planejamento Estratégico para crescimento e continuidade do negócio.

O que identificamos: necessidade dos sócios no mapeamento dos cenários que enfrentariam nos próximos anos.

O que fizemos:

Planejamos estrategicamente a organização, prevendo três cenários diferentes: pessimista, conservador e otimista, deixando claras as estratégias para levar para o cenário otimista e já prevendo planos de contingência caso não se concretizasse. Montamos toda a Governança da organização através de painéis de indicadores simples e essenciais para a correta gestão do dia a dia.

Principais resultados:

Crescimento no faturamento;

elevação no patamar de gestão organizacional.

– Estou impressionado, Edu.

– E aqui não vai ser diferente, Gustavo! Toda empresa, independentemente de sua área de negócios, pode sempre melhorar seus processos.

– Estou vendo.

– Olha este trabalho:

Ouse ter sucesso

CENTRO CLÍNICO OFTALMOLÓGICO

A tese e hipótese inicial: processos internos desalinhados com as expectativas dos sócios.

O que identificamos: tecnologia pouco utilizada, processos internos desalinhados, baixo nível de controle, inexistência de rituais de gestão.

O que fizemos:

Treinamento de atendimento aos clientes;

Análise e aumento na utilização dos sistemas existentes;

Melhoria dos processos internos;

Estabelecimento de reuniões de resultados com os sócios.

Principais resultados:

Melhoria dos resultados internos e financeiros da organização.

– Quem diria.

– Mais um...

Dou mais um clique e apresento mais uma tela:

INDÚSTRIA DE LATICÍNIOS

A tese e hipótese inicial: Crescimento da Concorrência, negociações apertadas.

O que identificamos:

Fortalecimento das redes varejistas;

Aumento da competitividade;

Necessidade de profissionalização da administração.

O que fizemos:

Dada a análise do cenário em que a organização estava inserida, foi necessário implantar paralelamente as soluções:

Gestão orçamentária integrada (receita, custo e despesas);

Gestão da *performance* da produção;

Reestruturação dos processos comerciais;

Rituais de gestão por resultados.

Principais resultados:

Redução de 6,5% dos gastos, aumento de produtividade e conquista de novos mercados.

– Estou muito surpreso com tudo isso.

– Use essas informações para saber que você pode trabalhar em qualquer lugar, poderá ser um gestor, conhecendo a área de negócios, seus setores e hábitos para melhorar seus processos.

– Posso ver mais?

Rio:

– Só mais um pouco.

Aperto o *enter* para mostrar uma nova tela.

– Veja:

HOSPITAL

A tese e hipótese inicial: inexistência de indicadores de desempenho nos diversos setores.

O que identificamos:

Inexistência de cultura de gestão por indicadores de desempenho;

Dificuldade na definição e metas para os indicadores;

Necessidade de profissionalização da administração.

O que fizemos:

Análise dos processos existentes;

Compreensão dos centros de resultados existentes;

Análise do sistema que o hospital utilizava, bem como o banco de dados;

Desenvolvimento de mapas internos de indicadores de desempenho correlacionado com o organograma;

Implementação de Painéis de Gestão de indicadores para cada gestor;

Implementação de rituais de gestão por indicadores de desempenho.

Principais resultados:

Melhoria da produtividade e resultados financeiros.

Ouse ter sucesso

– Até hospital?

– Não estou te dizendo? Processos existem em todas as organizações. E oportunidades de melhoria também.

– Veja mais este:

EDUCAÇÃO

A tese e hipótese inicial: Baixa Rentabilidade das unidades da empresa e Alta Inadimplência.

O que identificamos:

Falta de Experiência dos Franqueados em Gestão Financeira.

Precificação de Produtos.

O que fizemos:

Nivelamento do conhecimento financeiro de todos os franqueados;

Montamos materiais e ferramentas de gestão financeira voltada para o setor de educação;

Aplicamos o treinamento para todos os franqueados;

Ao longo do tempo, identificamos as oportunidades de melhorias de não rentabilidade e inadimplência;

Desenvolvemos a Central de Acompanhamento dos resultados.

Principais resultados:

75% dos franqueados cresceram em quantidade de alunos e 93% de aumento do faturamento da rede.

Olho para todas essas telas e reflito comigo mesmo.

Toda organização possui processos, assim como áreas e diversos colaboradores em diferentes funções.

É comum que algumas empresas cresçam sem planejamento, de forma desordenada e rápida, o que por um lado é bom, contrate mais colaboradores e mantenha esse ciclo continuamente, de preferência.

Porém, com o passar do tempo, o crescimento desordenado, com processos ruins, ou pior, sem processos, começa a trazer problemas sérios para a empresa, assim como para os seus colaboradores.

Pense num exemplo: se temos uma nova concessionária de veículos, com proprietário e gestores sem muita experiência, pode ser que eles contratem

Capítulo 9 • Como a metodologia está contribuindo com o impulsionamento de organizações

alguns vendedores e não os treinem ou os instruam sobre como deve ser um processo de vendas padrão. Você pode até pensar: é muito fácil vender um carro, não é preciso um processo para isso. Será mesmo?

Imagine que quatro vendedores, ao tentarem vender um carro, que está em promoção, não consultem o estoque ou o processo de vendas dos colegas. Pode ser que mais de um vendedor vendam o mesmo carro ao mesmo tempo, causando constrangimento para a concessionária e para um dos compradores. Em outra situação, pode ser que um dos vendedores dê um desconto diferente para um cliente e ganhe a venda, enquanto outro vendedor, que estava fazendo um negócio mais vantajoso, perca a venda.

Imaginando ainda outra situação, é possível que os clientes necessitem de financiamento, e cada vendedor apresente uma oferta diferente, já que nenhum deles passou por um processo de treinamento ou instrução adequado, sobre como deve ser o processo de vendas padrão daquela concessionária.

O que seria um bom processo nesse caso?

Os vendedores devem ser treinados sobre: os preços, o estoque, promoções, se pode ou não fazer um *test drive* antes da compra, licenciamento, despachante, seguro etc. Tudo isso deve ser igual entre todos os vendedores, para que todas as vendas tenham as mesmas características e condições, tanto para os colaboradores, quanto para os clientes, para que a concessionária sempre saiba o que está acontecendo em relação às suas vendas, seus processos, seus colaboradores, clientes e estoque.

Se um "simples" processo de vendas de carros pode apresentar tantas variáveis, e olha que imaginamos poucas, perto do que realmente pode acontecer, imagine numa multinacional, com dezenas de produtos, milhares de clientes, centenas de colaboradores e processos.

Nem todos somos capacitados para avaliar processos. Num país de empreendedores, muitas vezes sem experiência, criam-se empresas com processos que podem ser potencialmente melhorados.

Aí entra o papel do impulsionador de negócios, alguém experiente e especializado, que analisa, observa e melhora todos os processos, do início ao fim, de todas as áreas, o que transforma o ambiente de trabalho e a produtividade como um todo.

Por isso, não importa o ramo de uma empresa ou o seu tamanho, sempre existe potencial de melhoria, desenvolvimento e crescimento.

Ouse ter sucesso

Gosto de dizer: sempre dá para subir a régua do conhecimento!

— Estou sem palavras, Edu!

Falo com todo orgulho que me cabe:

— A *Exection* já impulsionou mais de 150 organizações, dos mais diversos segmentos, comprovando que a metodologia gera resultados.

— Não tenho dúvidas.

— Ela é aplicável a qualquer organização.

— Você deveria escrever um livro, Edu.

— Será?

— Assim você pode ensinar a várias pessoas tudo que está me ensinando.

Suspiro.

— É, vou pensar nisso... quem sabe...

Capítulo 10
Conclusão

> **❝ Não se faz nada grande sozinho. ❞**
>
> **João Marcelo Furlan**, fundador da Rocket Mentoring School, professor líder no Programa Leader Launch na Future DOJO, CEO na Enora Leaders, membro do comitê técnico IVG e mentor de startups na ACE.

Seis meses se passaram, desde que eu comecei a atender este cliente com a colaboração total do estagiário Gustavo.

Suspiro.

"Quinta-feira... adoro as quintas-feiras."

Eu estou mais uma vez no aquário, junto com o rapaz, quando um colaborador do RH chega, abre uma fresta da porta e nos comunica:

— Com licença, Edu, a diretora do RH já está aguardando vocês para a reunião.

— Já estamos indo, obrigado.

Gustavo fica boquiaberto e ligeiramente pálido, olhando para mim.

O colega vai embora e Gustavo me interpela:

— Você não disse que a reunião era com a diretora do RH, Edu!

— Que diferença faz?

— Como assim, que diferença faz? Ela é diretora. Por que eu fui chamado para uma reunião junto com a diretora?

Ouse ter sucesso

— Não sei, vamos lá descobrir.

O agora menino Gustavo faz o sinal da cruz.

— Não me diga que eu vou ser mandado embora? O que eu fiz de errado?

Seguro a minha ansiedade e me mantenho sério.

— Vamos, meu jovem!

Eu pego meu caderno e uma caneta.

— Como assim, vamos? Eu não quero ir!

— Gustavo! Controle-se!

Ele se levanta e fala todo trêmulo:

— Eu preciso deste estágio, é o que me ajuda a pagar a faculdade. Eu tinha esperança de ser efetivado.

Olho bem sério para ele:

— Então controle-se, mantenha a compostura e vamos para a reunião. Onde já se viu, deixar uma diretora esperando?

Ele respira fundo e fica rígido, como se estivesse prestes a seguir para o quartel. Pega a caneta e o caderno.

Saímos do aquário e eu sigo em silêncio.

"O profissional não se mede pelo seu currículo, títulos ou posse, mas pelo tempo. Conhecemos os bons profissionais, que no longo prazo têm foco, maturidade e determinação em tempos de glória ou de dificuldade para persistir e se reinventar." *André Iizuka, advogado digital, sócio da Iizuka Advocacia.*

Chegamos à porta da maior sala de reuniões da empresa.

Gustavo parece estar muito nervoso, vejo suor correndo pela sua testa, mas ele rapidamente passa a manga da camisa no rosto e se recompõe.

Eu olho sério para ele e abro a porta, lentamente. Entro. Ele vem em seguida.

— Bom dia, Fernanda, tudo bem?

A diretora devolve o cumprimento e em seguida dá atenção para o Gustavo.

— Bem-vindo, Gustavo.

— Obrigado – ele responde, em voz baixa.

— Podem se sentar, por favor – ela convida.

Capítulo 10 • Conclusão

Nesse momento, mais dois colaboradores do RH adentram a sala.

Vejo que o rapaz olha para mim e engole seco.

Todos estamos sentados, Fernanda tem um documento nas mãos e o posiciona bem à sua frente, como se fosse começar um discurso, mas antes de fazê-lo, olha para mim e para o Gustavo:

— Vocês sabem por que estão aqui hoje?

Eu disfarço não saber e fico quieto. Fernanda observa Gustavo atentamente e segue falando, olhando para ele. Eu olho também, mas sinto um pouco de pena.

Rio por dentro, discretamente.

Fernanda finalmente começa a falar:

— Então, Gustavo. Hoje, faz seis meses que a *Exection* começou o projeto aqui na empresa.

— Nossa, já foram seis meses?

Eu fico surpreso, com o fato de sua percepção sobre o tempo ser tão positiva, já que ele não se deu conta do quanto tempo que já passamos juntos.

Fernanda continua:

— Por isso, agora vamos fazer um balanço de tudo o que foi feito por vocês.

— Por mim?

— Também. Você não trabalhou com o Edu nesses últimos seis meses, toda terça e quinta?

— É. Trabalhei.

Eu toco o ombro de Gustavo por um momento, para que ele tente se acalmar.

A diretora de RH retoma sua palavra:

— Toda vez que trabalhamos com projetos, acontece uma prestação de contas em seguida, para compreender tudo o que foi solicitado, o que foi feito, e com isso entender quais resultados atingimos.

Gustavo balança o pescoço para cima e para baixo, concordando. Ele suspira, não sei se de alívio ou ainda de nervosismo.

Eu me mantenho quieto, pois já conheço bem essas reuniões e confio totalmente no nosso resultado.

Fernanda olha para o papel e volta à sua explicação:

145

Ouse ter sucesso

— Uma das primeiras oportunidades de melhoria levantadas pela *Exection* foi a necessidade de criar encontros entre gestores, colaboradores, e acompanhar as reuniões de resultados com as equipes, certo?

— Sim – Gustavo responde.

— Por que, Gustavo? Você saberia me dizer?

O rapaz engole seco, se remexe na cadeira e parece tomar coragem, mediante a sua primeira reunião de reflexão de resultados gerais do projeto.

— As reuniões na empresa eram muito demoradas, dona Fernanda, sem objetivo. Era muito falatório e, às vezes, até pessoas desnecessárias iam às reuniões, o que fazia com que elas se estendessem muito e não fossem produtivas.

— Verdade? – ela pergunta.

O jovem fica vermelho e balança a cabeça em sinal de positivo, mas ainda receoso.

— E como você acha que as reuniões estão agora?

Ele se estica na cadeira e responde:

— Agora as reuniões estão mais direcionadas, com foco no resultado, com olhar preventivo, e são frequentadas por pessoas realmente necessárias aos temas e que se mostram bem mais participativas.

Fernanda olha para mim.

— Você concorda com isso, Edu?

Eu cruzo os braços, olho para ela em silêncio e apenas balanço a cabeça, em sinal de concordância.

Gustavo me olha e volta novamente sua atenção à Fernanda.

Ela continua:

— O segundo ponto, levantado pela *Exection*, foi a necessidade de sistematizar auditorias dos fluxogramas dos processos e atualizá-los. O que você acha que foi feito, Gustavo?

Ele gagueja um pouco, antes de iniciar sua explicação:

— É... Foi feita uma revisitação, para compreender as evoluções e automações de atividades, houve uma proximidade muito boa dos colaboradores junto ao TI, as pessoas ficaram bem mais participativas, porque os trabalhos envolveram diversas áreas e os processos agora são horizontais e não mais verticais.

Capítulo 10 • Conclusão

A diretora olha mais uma vez para mim, com um semblante sério, criando nitidamente um clima de suspense no ar.

— Você concorda que tudo isso foi feito, Edu?

"Adoro o clima de suspense."

— Concordo sim, Fernanda, acredito que todos esses pontos citados pelo Gustavo são absolutamente verdadeiros e já refletem no dia a dia da organização.

Ouço a respiração ofegante do estagiário ao meu lado e percebo que ele enxuga sua testa mais uma vez.

Os dois colaboradores do RH colocam os cotovelos sobre a mesa e ficam olhando para ele.

Fernanda põe a mão no queixo e encara o papel que está em sua mão. Em seguida, olha mais uma vez para o Gustavo e pergunta:

— O terceiro ponto foi o de sistematizar auditorias dos POPs dos processos e atualizá-los. O que você tem a me dizer a respeito disso?

O jovem gagueja mais uma vez, antes de falar:

— É... Houve uma homogeneização de conhecimentos e novas tecnologias embarcadas nas atividades. Conseguimos unificar as informações entre os departamentos, e principalmente com o uso de ferramentas disponíveis na empresa, no sentido de tecnologia, de modo que todos agora usam as mesmas coisas.

Fernanda me olha, aguardando uma aprovação em sua fala.

Eu assinto com a cabeça e ela prossegue:

— O quarto ponto citado foi acompanhar as soluções das Oportunidades de Melhorias priorizadas. Você acha que isso foi feito?

Sem gaguejar, ele responde depressa:

— Sim, muito. Foi feito e continuará sendo feito, porque é um processo de melhoria contínua e não pode e nem deve ser medido uma só vez.

Pensei com os meus botões: "Estou orgulhoso com a evolução desse rapaz".

Ele continua:

— Novas oportunidades estão surgindo com os versionamentos dos fluxogramas, procedimentos e painéis de gestão, inclusive com a melhoria da comunicação e interação das equipes. As reuniões de resultados estão ajudando muito!

Ouse ter sucesso

Fernanda sorri discretamente e volta a olhar para o papel.

O jovem suspira e sorri de canto, dando uma cutucada com o ombro no meu braço.

"Finalmente ganhou confiança."

Ninguém tem que se perder no nervosismo só porque está falando com alguém do cargo da diretoria, é bom treinar isso desde cedo.

Os dois colegas do RH se posicionam de forma mais relaxada nas suas cadeiras, deixando agora o ambiente finalmente mais descontraído.

Fernanda olha para seu documento e segue sua lista e discurso:

— O item número cinco diz o seguinte: atualizar e/ou evoluir os Dashboards de Gestão desenvolvidos com o PowerBI®. Isso diz alguma coisa a você?

Ele balança a cabeça e concorda:

— Sim, senhora, nós versionamos os painéis de gestão conforme nos comprometemos, e as pessoas estão utilizando cada vez mais essas plataformas, demandando novas análises e indicadores.

— E isso é bom? – ela rebate, como se fosse uma prova.

Ele me olha, mas responde a ela cheio de confiança:

— Sim, senhora, é muito bom, porque todos estão de olho nas informações que permitem a gestão da empresa, dos processos e das áreas. Nada passa em branco ou batido.

"Batido? Mas que moderno!"

Fernanda olha para o papel e suspira.

"Parece satisfeita!"

Ela levanta o olhar para mim, mas logo desvia para o rapaz:

— E sobre a necessidade de atualizar as memórias de cálculos de cada painel de gestão?

— Estão sempre atualizadas e foi a base para desenvolvermos os painéis de gestão por indicadores de desempenho, além disso, conseguimos implementar com sucesso a Avaliação de Desempenho e Gestão do Conhecimento gerado pelo projeto.

"Resposta rápida, meu rapaz. Parabéns!"

Suspiro e continuo de braços cruzados, e em silêncio, embora esteja segurando um sorriso.

Capítulo 10 • Conclusão

Fernanda anota algo no documento e prossegue:

— Foram feitas as análises da necessidade de novos Procedimentos Operacionais Padrões?

— Sim, senhora. Desenvolvemos novos e versionamos os existentes. Agora, está bem mais fácil a integração técnica das equipes.

— Hum – ela solta, com um novo sorriso de canto.

E segue na lista:

— E os POPs foram desenvolvidos junto com as equipes?

Fernanda coloca o papel sobre a mesa e cruza os braços, parecendo algo intimidador por um momento.

Gustavo olha para mim e eu faço um gesto com a sobrancelha, caindo para o lado, para que ele continue:

Ele segue firme:

— Sim, dona Fernanda, e adicionado a isso, vários processos foram desenvolvidos e evoluídos nesse sentido: o Processo de Treinamento e Desenvolvimento, Processo de Compras, Processo de Cargos e Salários, maior clareza para promoções e Plano de Desenvolvimento Individual.

"Muito bem!!!"

Eu me contenho e permaneço imóvel, mas satisfeito.

Fernanda volta a falar com o rapaz:

— E o ponto número nove, validar os procedimentos com os gestores?

O rapaz balança os ombros, como se estivesse soltando os medos. E solta:

— Sim, sempre valido com todos os envolvidos e estão surgindo novas formas de desenvolver padrões, como: vídeos, demonstrações, até *podcast*, o que demonstra o nosso trabalho realizado nesse sentido, dona Fernanda.

— Hum – ela fala baixinho e volta a levantar seu papel.

Fernanda olha para os colaboradores um instante e vira o rosto para o estagiário:

— Próximo ponto: planejar e acompanhar treinamentos com a equipe do RH, isso foi concluído?

Sinto um regozijo por dentro.

— Sim, sim senhora.

Ele olha para os colegas sentados na mesa e Gustavo termina:

Ouse ter sucesso

— Nossos processos de PDI e T&D estão alinhados, conforme o planejado.

— Sei...

A diretora olha para os colaboradores, que assentem com a cabeça, concordando com o rapaz.

E então prossegue na lista:

— Penúltimo ponto: analisar a necessidade de atualizar e/ou retreinar as equipes junto ao RH. Como está o *status* dessa oportunidade?

— Foi feito um plano de desenvolvimento individual, que foi bem aceito entre os colaboradores e fácil de fazer junto a eles, ninguém se opôs.

— Ótimo... – ela solta, e segue para o último item da lista.

Eu estralo os dedos das mãos, contando com o último ponto da lista.

— Adicionar os materiais gerados aos processos de integração e gestão do conhecimento, foi realizado?

— Sim, senhora, fizemos toda a integração e gestão do conhecimento do projeto, junto a todas as áreas.

A diretora solta o papel sobre a mesa e entrelaça as mãos uma na outra.

Ela olha para mim, para o Gustavo e para os colaboradores de RH.

Alguns segundos de silêncio parecem mais longos do que realmente são.

Então ela retoma seu discurso:

— O que eu posso dizer?

Gustavo me olha rapidamente, sem dizer nada.

A diretora se levanta e fica em pé, de frente a mim e ao Gustavo. Ela estica a mão para o jovem, ao mesmo tempo que fala:

— Está efetivado!

Ele estica a mão para ela e a cumprimenta, mas ainda sem entender o que está acontecendo:

— Quê?

— Você foi efetivado, meu rapaz, a partir de hoje, você é um colaborador da empresa.

Ele sorri de orelha a orelha.

— Verdade?

Ela sorri, balançando a cabeça.

Os colegas do RH também deixam o ar de suspense de lado e o parabenizam:

Capítulo 10 • Conclusão

— Parabéns, Gustavo!

Fernanda me olha e fala rapidamente, antes de sair:

— Passe pela minha sala, depois, Edu, por favor.

— Claro – eu respondo, já em pé.

Ela me olha e me estende a mão:

— Parabéns, Edu! Foi magnífico, o presidente está absolutamente satisfeito com os resultados da empresa e da *Exection*. Temos uma reunião com ele em meia hora.

— Combinado, Fernanda, conte comigo!

Todos saem, ficando apenas eu e o Gustavo na sala.

Ele me olha, ainda atordoado:

— Mas... mas... eu fui mesmo efetivado?

Eu rio:

— Claro que foi, não está feliz?

Ele dá um pulo, me abraçando:

— Obrigado, Edu, obrigado!

Ele me encara, ainda com as mãos em meus ombros:

— Você transformou a minha vida! Não tenho como agradecer!

— Tem sim!

— Como?

— Passando adiante!

— O que você quer dizer?

— A vida sempre nos proporciona momentos de retribuir aquilo que recebemos. Se hoje estou apto a passar conhecimento para você é porque um dia outras pessoas também estiveram nessa posição e agiram com a generosidade e paciência de me ensinar. É um processo maravilhoso chamado vida.

— Vida?

— Sim, pois a transmissão e perpetuação do conhecimento não acontece apenas numa empresa, mas em todos os âmbitos da vida. Se agora você está sendo efetivado e está feliz por isso, um dia poderá ajudar outro colega a trilhar o mesmo caminho que você acabou de vivenciar.

Ele me olha atentamente e eu prossigo:

Ouse ter sucesso

— Tudo que é bom deve ser dividido, multiplicado, devidamente compartilhado, seja no escritório ou na sua faculdade, na sua casa, no trânsito, não importa onde você esteja. A vida é um ciclo, tudo que vai, um dia volta. Tenha certeza de que não foi trabalho nenhum compartilhar todo esse conhecimento com você, ensiná-lo e motivá-lo, dia após dia. Foi um prazer inenarrável, pois eu olhei para você como se estivesse olhando a mim mesmo, quando eu era mais jovem.

Ele abaixa a cabeça por um momento e me olha novamente.

Gustavo fica com lágrimas nos olhos.

— Um dia você estará na mesma posição que eu e lembrará deste momento não apenas com gratidão, mas com a compreensão de que a vida nos oferece oportunidades de retribuir tudo aquilo que ela nos dá.

— Sim.

— Você percebe a diferença que o nosso trabalho fez na empresa?

— Claro que eu percebo. As diferenças são gritantes e maravilhosas.

— É isso mesmo. Não importa qual seja o ramo da empresa, se é alimentícia, uma indústria de eletroeletrônicos, uma farmácia, uma fazenda, *e-commerce*, dentre outros segmentos. Tudo pode ser melhorado, todos os procedimentos que fazemos, na vida profissional e na vida pessoal, sempre podem ser aprimorados, melhorados.

Gustavo ri e menciona:

— Eu acredito que entendo você. Até mesmo a maneira que eu lavo a louça e enxugo os pratos mudou, depois que eu o conheci.

— Fico feliz em ouvir isso, cada ação que fazemos possui processos envolvidos, que se transformam em hábitos. Passamos a fazer e a agir no modo automático e muitas vezes deixamos de perceber o quanto podemos melhorar. Você vivenciou a evolução dos processos aqui na empresa, não é mesmo?

— Certamente vivenciei e foi uma das melhores experiências.

— Então é isso, pode ser que a gente se encontre ainda muitas vezes. Ou não. Pode ser que a gente se veja daqui a alguns anos em outra empresa ou nesta mesma, mas conte comigo sempre.

— Eu estou triste.

— Por quê?

— Eu vou sentir sua falta.

Capítulo 10 • Conclusão

— Esqueça isso, meu rapaz.

Coloco o dedo apontando para a testa e continuo:

— Eu estarei com você, mesmo que de forma indireta, em todos esses processos que você impulsionou e continuará impulsionando.

— É mesmo...

— Agora eu tenho que ir, o presidente me espera.

Ele se balança todo.

— Um dia eu chego lá, Edu.

— Aonde, à presidência de uma empresa?

Ele sorri, lindamente, de orelha a orelha.

— Um dia eu vou ser presidente.

Nós nos abraçamos fortemente. Eu olho em seus olhos e me sinto emocionado. Percebo que os olhos de Gustavo ficam marejados.

"Não sei lidar muito bem com esses momentos."

— Muito obrigado. Sem você, sem sua ajuda e empenho, eu não teria conseguido.

Ele põe o dedo na testa:

— Corre, que o presidente o espera. Vai lá subir a régua.

Eu solto uma gargalhada, dou o "último" aperto de mão e saio, falando:

— Parabéns, impulsionador!

— Obrigado, Edu.

Olho para ele a última vez:

— Te vejo em alguns anos, presidente!

Capítulo 11
Depoimentos

> **❝ Faça muito com pouco, buscando constantemente mais eficiência nos processos. ❞**
>
> **Beto Tamm**, diretor comercial na Mastermaq *Software*.

Depoimento de Vagner Jesus – Festcolor

Como a *Exection* impulsionou uma empresa que fabrica artigos para festas?

Pois foi assim que o impulsionador Edu Bezerra, no ano de 2011, prestou sua colaboração à empresa Festcolor, que até então tinha 110 colaboradores. Hoje, dez anos depois, a empresa está com 230 colaboradores, 50 terceirizados e mais de 110 representantes, com um crescimento de cerca de 500% em seu faturamento.

Conversando com o presidente e fundador da Festcolor, Vagner Jesus, é possível perceber a influência que a *Exection* teve nesse crescimento, levando em consideração, principalmente, a disciplina.

Segundo Vagner, a disciplina foi uma das maiores lições que aprendeu com o Edu e, por isso, até hoje, mantém as reuniões de resultados mensais com gestores e diretores, de forma individual e em grupo,

Ouse ter sucesso

onde eles sempre analisam e acompanham seus principais indicadores e evoluções das ações de melhorias. *Follow-up* é algo que nunca deixou de existir na Festcolor.

Como cristão, Vagner costuma dizer que se sente grato a tudo que recebeu da vida e de Deus, por isso mesmo retribui à dádiva cuidando de seus colaboradores, o que se tornou um de seus principais direcionadores. Sendo um dos pilares trabalhados com a *Exection*.

Vagner criou uma plataforma de treinamento e a nomeou de Unifest. Através dessa plataforma e do trabalho dos gestores, cada colaborador é avaliado e direcionado para fazer cursos regularmente, mantendo-se atualizados e aprimorando o conhecimento.

Por exemplo, um colaborador é avaliado por um gestor no início do ano e é direcionado a fazer quatro treinamentos no primeiro semestre. Depois ele passa por uma nova avaliação e receberá a indicação de novos cursos.

Existe um treinamento constante, acompanhado e renovado, que gera motivação. O conhecimento está sempre em crescimento na Festcolor, que promove a integração entre os colaboradores e os gestores, satisfação e reconhecimento.

Além das pessoas e treinamentos como pilares, Vagner considera importantes a rentabilidade e o controle das despesas, e faz questão de acompanhar os números.

Cerca de metade dos produtos da Festcolor é licenciada, e um dos principais parceiros de negócios é a Disney.

Imagine uma festa de criança: você entra num *buffet* e vê, por exemplo, a Elsa em todo lugar, ou o Shrek ou ainda a Cinderela. Para tudo isso é preciso ter uma licença de uso da imagem. Possuímos a expectativa de que, a partir do momento que se entra numa festa, se vemos a Cinderela, tudo será dela: o chapeuzinho, o pratinho, o copo, a sacolinha surpresa, a decoração sobre a mesa, quiçá as bexigas.

E a empresa de Vagner é exímia em combinar todos esses artigos, mas de modo a manter uma boa relação com os seus licenciadores, para que esses produtos nunca faltem. O diretor também tem que se equilibrar, para não licenciar produtos que no momento estão na moda e no mês seguinte decaem, sendo um grande desafio.

156

Capítulo 11 • Depoimentos

A Festcolor é um exemplo de uma empresa que apostou na impulsão promovida pela *Exection* e, dez anos depois, apresentou um crescimento incrível. Ela tem mantido a disciplina, os processos e os indicadores aprendidos com Edu.

A satisfação e o crescimento foram tanto, que Vagner afirma: "Nunca mais senti a necessidade de contratar uma nova empresa de serviços similar à *Exection*". Até hoje, ouve os conselhos do agora amigo Edu, e os segue, com seriedade e gratidão.

A gratidão de um homem que, com seu desenvolvimento e crescimento, hoje agradece retribuindo através do cuidado para com os seus colaboradores, num círculo virtuoso de conhecimento, disciplina e valores humanos.

Depoimento de Ana Carolina Vaz – Dogscare

Ana Carolina Vaz não é apenas uma mulher de negócios, mas uma empreendedora com visão sistêmica, que reflete na sua vida pessoal e profissional. Formada em Direito e Constelação Familiar Sistêmica, ela teve uma grata surpresa ao levar esse novo conhecimento ao Edu Bezerra, quando precisou de sua ajuda na empresa.

Dez anos antes, quando conheceu o impulsionador de negócios, Carol guardou a satisfação, bem como cultivou a amizade e o contato profissional. Em um determinado momento, precisava resolver um assunto sério da sua empresa de produtos de higiene para cachorros, a Dogscare.

Numa delicada situação, com ex-sócios e uma longa caminhada de negociações, que envolvia outras pessoas, a empreendedora percebeu claramente que uma pessoa, que estava à frente das decisões, se colocava acima dos fundadores da empresa, o que representava uma inversão da ordem, uma das Leis da Constelação Sistêmica.

Carol conta onde tudo começou: "Há cinco anos, pensávamos em fechar a empresa, pelo tamanho da bola de neve que estava se formando e prestes a rolar sobre todos nós, na época". Mas ao tomar essa decisão, acabou vendendo parte da empresa para sócios investidores, sendo a solução encontrada naquele momento. Com a intenção de equilibrar o novo cenário, a empreendedora contratou uma empresa de gestão para ficar acima de todos os sócios.

Ouse ter sucesso

Foi nesse instante que entrou o gestor, que agora fugia da ordem. A solução para evitar conflitos gerou outros.

Carol vivenciou uma fase difícil: um ano em litígio com um dos sócios e o determinado gestor sempre no meio de todas as intrigas. Um tempo depois, ela recomprou a empresa e contratou o mesmo profissional, o que continuou não dando certo, pois, naquela fase, ela ainda não tinha o conhecimento da Constelação Sistêmica.

Quando alguém não respeita a hierarquia e ocupa o lugar de outro, em outra posição, acaba desrespeitando essa lei, o que gera desequilíbrio para todos os envolvidos dentro do sistema.

Numa tentativa de levar essa percepção ao tal gestor e solucionar o problema, Carol pediu que ele retornasse ao seu lugar de direito e atuação, mas a sua solicitação não foi atendida, e afirma: "A partir dali a corda estourou!". Ela precisava de ajuda!

Como a Carol iria explicar o seu conhecimento em Constelação para uma empresa de serviços quaisquer e esperar um discernimento e compreensão imediata? Ela logo se decidiu pela *Exection*, pois sabia que podia contar com a humildade e abertura do Edu, o qual imediatamente se abriu para esse conhecimento e atuou conforme as leis que a empreendedora seguia, por seu conhecimento e funcionalidade.

Edu não apenas assimilou os conceitos, mas aplicou na situação, como olhou detalhadamente para a dificuldade, que acarretava problemas ainda maiores. O desvio de posicionamento daquele gestor estava interferindo na energia da Dogscare, na cultura, além do fluxo de caixa.

Conforme ela foi assimilando esse novo saber, Carol compreendeu a raiz do problema. Foi o gestor quem desequilibrou o caixa, mas ele não assumia a responsabilidade e nem resolvia a dor.

Na prática, o gestor acabava atuando como chefe da Carol e de seu braço direito, de forma que eles perderam a voz que precisavam ter na Dogscare, para sanar as dificuldades, que se apresentavam a cada dia mais e mais.

O Edu, quando chegou, olhou para o caixa com outros olhos, 'calçando os sapatos' com comunicação não violenta, segundo a Carol, o que conquistou sua confiança. Com isso, ela fez uma constelação para que todos ficassem em seu devido lugar, trazendo consciência sistêmica ao time.

158

Capítulo 11 • Depoimentos

Segundo Carol, durante o processo, "Edu sugeriu 'abrirmos o campo' várias vezes para resolver questões que surgiam, atuando no modo sistêmico, como se já fosse um profissional experiente da Constelação", o que foi uma satisfação para ela, pois Edu olhava para todas as questões do mesmo jeito que a executiva, proporcionando uma segurança absoluta.

Edu mudou a estratégia e visão financeira da Dogscare, de modo a resolver a questão do caixa e trazer um novo cenário à realidade. Os indicadores foram revisados, decididos os que ficariam e os que não seriam mais utilizados, colocando foco nos pontos mais importantes naquele momento.

Semanalmente eles se reuniam e mensalmente avaliavam o resultado. Em sessenta dias, foram capazes de alcançar o resultado esperado.

Para Carol, um alívio, uma experiência de vida pessoal e profissional!

Depoimento de Wilson Poit – Poit Energia

Como ensinar alguém a gerir a sua própria empresa? Não seria complicado mostrar ao proprietário de uma empresa que ele precisa aprender mais e agir de um modo diferente? E de um jeito que ele nunca fez.

Apesar de ser uma situação delicada, foi exatamente isso que o Edu Bezerra fez para Wilson Poit e sua empresa de energia, a Poit Energia.

Quando o impulsionador chegou, a Poit ainda era pequena e o maior foco foi a criação de indicadores de desempenho no Painel de Gestão, proporcionando maior segurança para o Wilson iniciar a delegação de responsabilidades.

O fundador da empresa foi aconselhado a se afastar de atividades operacionais e atuar de forma estratégica. Ele não precisava estar à frente de tudo, o tempo todo, mas ter informações relevantes sobre o negócio, para que ele pudesse estar sempre a par do que estava acontecendo. Porém, utilizando seu tempo para assuntos mais estratégicos, com a visão do "todo" e do futuro.

Para Wilson, o projeto com o Edu foi um divisor de águas, pois foi a partir dali que ele pôde observar o crescimento contínuo da Poit Energia, bem como o aumento significativo da sua qualidade de vida, tanto no âmbito profissional quanto pessoal.

Antes do Edu atuar na Poit Energia, Wilson estava sobrecarregado com todas as atividades que gerenciava e não via como crescer. Porém, após o

Ouse ter sucesso

impulsionamento, ele comprou várias ideias do Edu, como a disciplina e regularidade nas reuniões, e o mais importante: o Painel de Indicadores.

Wilson percebeu que não importava onde estivesse, ou quando, sempre poderia estar à frente de tudo que estivesse acontecendo com sua empresa, bastava que ele tivesse os indicadores certos e atualizados com a mesma disciplina que passou a ter suas reuniões.

Segundo ele, Edu explicou o Painel de forma muito simples e que ele nunca mais esqueceu: *"É, Wilson, quando a gente entra no carro, a gente tem vários indicadores e podemos medir cem coisas, mas tem uns quatro ou cinco que têm que estar ali, no painel, que é para sabermos se podemos dar partida e seguir viagem".*

Wilson diz se recordar bem de uma sala de reunião, que tinha em Diadema, onde viu os diagramas de Ishikawa do Edu em todas as paredes, com ele procurando a causa raiz de cada problema, para efetuar os planos de ação.

O empreendedor e engenheiro eletricista não tinha formação em gestão e se abriu para o novo, para tudo o que o Edu estava sugerindo, o que lhe permitiu compreender que estar à frente da empresa não queria dizer que ele era o melhor gestor, que precisava ficar lá o tempo todo para controlar tudo, mas era possível contratar pessoas melhores e cuidar de tudo a distância.

Segundo Wilson, depois que ele viu os resultados, aprendeu a mudar o seu jeito de fundador de empresa, com coração mole, e deixou o "a gente consegue depois" para lá. Para ele, Edu tinha senso de urgência e se sentiu contagiado com isso.

Wilson diz que passou a sonhar grande, depois dessa experiência. Conseguiu viajar muito, fazer movimentos e, segundo ele, ter sorte, porque conseguiu olhar a empresa a distância e mudou seu comportamento quando presente, aprendeu a analisar de forma diferente, enxergando os painéis de controle e cobrando resultado, em vez de aceitar desculpas.

O foco foi ajustado e mantido na solução, e nunca mais no problema.

O Painel de Indicadores de Desempenho significou o controle dos negócios e a sua liberdade de vida.